全球现代化产业体系评估报告

评估报告

聚焦G20

浙江工业大学现代化产业体系研究院
能源经济与环境政策研究中心 | 课题组 ◎ 著

中国财经出版传媒集团
经济科学出版社
Economic Science Press

·北 京·

图书在版编目（CIP）数据

全球现代化产业体系评估报告：聚焦 G20／浙江工业大学现代化产业体系研究院，能源经济与环境政策研究中心课题组著 . -- 北京：经济科学出版社，2025.3.

ISBN 978 - 7 - 5218 - 6761 - 9

Ⅰ. F121. 3

中国国家版本馆 CIP 数据核字第 2025K526D4 号

责任编辑：张　燕
责任校对：孙　晨
责任印制：张佳裕

全球现代化产业体系评估报告：聚焦 G20

QUANQIU XIANDAIHUA CHANYE TIXI PINGGU BAOGAO：JUJIAO G20

浙江工业大学现代化产业体系研究院
能源经济与环境政策研究中心　　课题组　著

经济科学出版社出版、发行　新华书店经销

社址：北京市海淀区阜成路甲 28 号　邮编：100142

总编部电话：010 - 88191217　发行部电话：010 - 88191522

网址：www. esp. com. cn

电子邮箱：esp@ esp. com. cn

天猫网店：经济科学出版社旗舰店

网址：http://jjkxcbs. tmall. com

北京季蜂印刷有限公司印装

710×1000　16 开　10.75 印张　150000 字

2025 年 3 月第 1 版　2025 年 3 月第 1 次印刷

ISBN 978 - 7 - 5218 - 6761 - 9　定价：59.00 元

（图书出现印装问题，本社负责调换。电话：010 - 88191545）

（版权所有　侵权必究　打击盗版　举报热线：010 - 88191661

QQ：2242791300　营销中心电话：010 - 88191537

电子邮箱：dbts@ esp. com. cn）

本书受到以下项目资助：

浙江省哲学社会科学重点研究基地——浙江工业大学现代化产业体系研究院专项委托课题"全球现代化产业体系评估研究"（编号：2024CYZX01）。

国家社会科学基金项目"我国新能源汽车产业链风险传导机理、防控机制与优链策略研究"（编号：24BGL108）；"新发展格局下数字化提升制造业产业链现代化水平的机理、效应评估与实现路径研究"（编号：22CJL028）；"链主企业引领全链数字化与绿色化深度融合的内在机制与实施路径研究"（编号：24CJL046）。

浙江省哲学社会科学规划项目"美国疯狂打压下我国新能源汽车产业链风险预警防控机制与优链策略研究"（编号：24NDJC25Z）；"'双化协同'赋能浙江省产业链现代化研究：机制、效应与实现路径"（编号：23YJZX21YB）。

前　言

当前，"逆全球化"思潮抬头，一些国家和组织试图通过"脱钩"来遏制贸易不平衡，以保护本国市场、产业和技术。近年来发生的许多大事件，如英国脱欧、特朗普主义、中美贸易摩擦、乌克兰危机、中东危机、供应链问题、全球气候变暖、全球能源危机等，一次次地验证了全球正经历着一场百年未有之大变局。虽然无法断言"逆全球化时代"已经到来，但是在这样的背景下，现代化产业体系建设对任何一个国家而言都显得尤为重要。现代化产业体系是现代化国家的物质技术基础，是推进中国式现代化的重要支撑。习近平总书记高度重视现代化产业体系建设，强调"打造自主可控、安全可靠、竞争力强的现代化产业体系""要及时将科技创新成果应用到具体产业和产业链上，改造提升传统产业，培育壮大新兴产业，布局建设未来产业，完善现代化产业体系"①。

中国是世界上产业体系最完备的国家，拥有全球规模最大、门类最齐全的生产制造体系，能够持续高效且相对低成本地提供各类工业制成品。中国制造业增加值连续多年稳居世界第一，2023 年制造业增加值达 33 万亿元，占世界的比重稳定在 30% 左右。在 500 种主要工业产品中，有四成以

---

① 促进科技创新与产业创新紧密互动 加快形成新质生产力［EB/OL］.［2025 - 02 - 17］. 国家发展和改革委员会，https：//www. ndrc. gov. cn/xwdt/ztzl/NEW_srxxgcjjpjjsx/jjsxyjqk/sxlt/202404/t20240412_1365650. html.

上产品产量位居全球第一。① 按照《国民经济行业分类》，中国拥有 41 个工业大类、207 个中类、666 个小类，是全世界唯一拥有联合国产业分类中全部工业门类的国家。

然而，大而全并不等同于优而强。那么，应如何描述一个国家现代化产业体系发展的全貌？全球现代化产业体系发展现状究竟如何？中国在全球各国中处于何种位置，有何相对优势或劣势？包括中国在内的全球各国如何进一步推进现代化产业体系建设？

为回答上述一系列问题，《全球现代化产业体系评估报告：聚焦 G20》（以下简称《报告》）对 2021 年 G20 国家（欧盟除外）现代化产业体系建设及其发展进行了系统和深入的理论探讨与实证研究。我们认为，现代化产业体系首先是一个复杂系统，具备系统的一般特征，同时也是一个产业体系，具备产业体系的基本要素，其现代性则要求其应具备智能化、绿色化、融合化三个基本特征，并符合完整性、先进性、安全性三个基本要求。一个国家的现代化产业体系发展水平及其排名取决于诸多因素，如该国的要素投入、生产过程和综合产出，以及该国产业体系智能化、绿色化、融合化发展程度（发展方向）和安全性、先进性、完整性发展水平（发展要求）。为此，我们构建了一个现代化产业体系发展的理论分析框架，将现代化产业体系这一复杂系统分为产业体系子系统和现代化发展子系统，进而构建一个科学的量化分析指标体系，对各国的现代化产业体系发展水平进行综合评估与比较。鉴于资料尤其是数据来源的局限性，我们选择了全球最有代表性的 G20 国家（欧盟除外）作为评估对象。

通过该研究，课题组希望达到以下目标：首先，《报告》不仅追踪 G20 国家现代化产业体系发展现状，也对这些国家现代化产业体系建设的主要驱动因素作了深入分析，可为相关国家提供产业发展水平的最新信息。其

---

① 发挥我国产业体系配套完整的供给优势［EB/OL］.［2025 - 02 - 17］. 光明网，https：//www. gmw. cn/xueshu/2024 - 06/05/content_37364520. htm.

次,《报告》将为全球现代化产业体系发展树立标杆,为产业政策制定者提供评估框架和政策备选方案,给各国根据本国国情,制定与其自身要素禀赋、经济发展阶段以及相对优劣势相符的产业发展战略提供借鉴。此外,《报告》或可是一份引领中国现代化产业体系建设进程,影响政府和相关部门的政策议程,指导区域产业经济现代化发展的框架性指导手册,将为各级政府产业体系发展规划及其评估提供参考。

　　《报告》是浙江工业大学现代化产业体系研究院（浙江省哲学社会科学重点研究基地）、浙江工业大学能源经济与环境政策研究中心、浙江工业大学经济学院产业经济研究所等科研组织和课题组成员协同攻关的成果。本课题首席专家为徐维祥,课题负责人为叶瑞克,成员为宓泽锋、郑金辉、刘珊珊、周建平、朱振宁、田志华、马家军、刘晔、于晓琳、陈希琳、郭加新、徐子航。由于课题研究周期很短,时间紧迫,以及课题组学识所限,本研究报告还有诸多不足之处,望方家批评指正。

叶瑞克

2025 年 1 月

摘　　要

　　G20 国家作为全球经济的重要组成部分，其构成兼顾了全球最为重要的发达国家和发展中国家以及不同地域利益平衡。聚焦 G20 国家，评估其现代化产业体系发展水平对于推动全球经济治理体系改革具有重要的理论价值和现实意义。通过比较分析，还可以明确我国在全球产业体系中的位置和优势，有助于制定更加科学合理的产业政策，推进现代化产业体系建设。

　　本报告全面而深入地评估了 2021 年 G20 国家（欧盟除外）现代化产业体系建设的进程，从产业体系子系统和现代化发展子系统两个子系统的要素投入、生产过程、综合产出、发展方向、发展要求五个维度进行了详细分析。

　　从整体上看，G20 国家在现代化产业体系建设上均表现出了积极态势。美国在现代化产业体系建设中表现突出，居于首位，其现代化产业体系已经相对成熟，拥有世界领先的高技术产业和创新能力。在要素投入、综合产出、发展方向、发展要求中表现优异，上述各项指标均位居全球前列，提升了国家整体的产业体系现代化水平。

　　中国、日本、韩国、德国、加拿大、英国、法国属于第二梯队，这些国家的现代化产业体系发展在大部分领域表现突出，在个别领域存在短板。中国作为 G20 的重要成员，现代化产业体系建设引人注目，其现代化产业体系指数仅次于美国，排名第二，但与美国存在较大差距。中国在综合产出、发展方向、发展要求中表现优异，上述各项指标均位居全球前列。相比之下，中国在要素投入、生产过程方面表现较弱，是目前较为突出的短板。

印度、沙特阿拉伯、俄罗斯、意大利、澳大利亚、南非、土耳其、印度尼西亚属于第三梯队，这些国家的现代化产业体系综合指数总体不高，当前正在努力发展本国的现代化产业体系，许多方面还存在短板，但在一些领域已反映出一些优势特征。墨西哥、巴西、阿根廷属于第四梯队，这些国家的现代化产业体系发展相对滞后，亟须突破发展瓶颈，为产业转型升级提供新动能和新方向。

综上所述，G20 国家在现代化产业体系建设方面取得了显著进展，但仍面临诸多挑战。未来，各国应继续加强国际合作与交流，加强产业链供应链的稳定性和安全性建设，推动全球产业链供应链的优化配置和协同发展。

目　　录

第一章 文献综述

第一节 现代化的概念与内涵

现代化是一个复杂的历史现象和发展过程。从历史现象看，现代化被广义地看作一场发端于西方社会，后传递至全球范围内的至今仍在进行的人类文明转型发展的变化，涉及由工业革命带来的经济、政治、科技、文化、思维等人类社会生活方方面面的深刻的社会变革；从发展过程看，现代化被看作国家通过工业化进程而成为世界经济社会发展前沿的过程，尤其是特指近代资本主义兴起后，经济落后国家通过科技和产业革命，在经济和技术上赶上世界先进水平的发展过程（中国式现代化研究课题组，2022）。

20世纪50年代以来，围绕着现代化这个复杂现象和过程，形成了经典现代化理论、经济发展理论、政治发展理论、依附理论、世界体系理论、依附发展理论等学派众多、观点不一的现代化理论，涉及经济学、社会学、历史学、政治学等众多社会科学领域。现代化理论试图分析现代化的动力、过程、结果以及模式等，从而说明为什么发达国家实现了现代化，而欠发达国家没有实现现代化，进而指明欠发达国家如何实现现代化。经典现代化理论认为现代化就是"西方化"，后发国家需要学习西方的社会经济制度、文化观念从而实现趋同于西方国家的发达状态。经典现代化理论在一定程度上揭示了以英国和美国为代表的自发的现代化模式的内在动力和演进过程。但以依附论为代表的现代化理论则指出，由于后发国家在技术、资金和市场上依附于西方先进工业国这些"中心"，在国际贸易和世界经济体系中处于"外围"不平等的地位，后发国家试图学习模仿西方国家并不能获得真正意义上的发展，甚至造成政治上难以独立，也无法实现工业化，更难摆脱欠发达的状态。这在很大程度上解释了拉美现代化模式为什么是不成功的（刘伟、范欣，2023）。

为此，正确理解以高质量发展实现中国式现代化、推动中华民族伟大复兴不可逆转的历史进程，首先应从大历史观看世界范围的国家现代化进程，厘清现代化的科学内涵，并对现代化国家形成的历史条件和世界现代化进程出现逆转现象的深层次原因有清晰的认识。

现代化是一个国家或者地区从传统走向现代的动态发展过程，体现了生产力与生产关系、经济基础与上层建筑的辩证统一，是发展规律性与现实多样性的有机统一。从绝对发展状态来看，现代化反映了一国或地区从传统农业国向现代工业国迈进的发展过程，体现了社会经济发展过程中自身经济实力的跃升。从相对发展状态来看，考虑到世界范围内不同国家或地区的现代化进程不一，现代化体现了一国或地区特定时期在全球所处的相对发展水平，直接表现为该国或地区与世界先进水平的距离。实际上，现代化的实质就是要缩小这一发展差距，实现增长跨越和发展赶超（韩保江、李志斌，2022）。

回顾世界现代化的发展历程，不难发现，现代化浪潮发端于 14 世纪、15 世纪的西欧，后扩展至中东欧、北美，再传递至世界各地，体现了人类文明形态的演变历程。现代化作为不可抗拒的世界性潮流，也逐渐成为近代以来世界各国孜孜以求的共同目标。在此过程中，每一次的科学技术变革均带来了生产方式的革新，成为一国或地区实现增长跨越，朝着现代化国家迈进的根本动力。第一次工业革命首先在英国发生，煤和铁、蒸汽能源、蒸汽机等被广泛应用，开创了"蒸汽时代"。这也使得原本落后于法国、西班牙等欧洲国家的英国的工业快速发展，经济结构得以优化，一跃成为世界文明的中心。第一次工业革命推动的现代化实质上是从英国向西欧诸国扩散的工业化过程，其动力来源是以物质技术革命为主要特征的经济变革和以大西洋革命为重要标志的政治革命（刘伟，2023）。第二次工业革命以电力与钢铁、内燃机和电动机等为主要标志，成为现代化的重要推动力，开创了"电气时代"。由此，以工业化为主导的现代化进程迅速扩展，从西欧延伸至中东欧、北美等基督教文化圈的国家，也扩展至日本这一东亚国家。至此，后发追赶成为这一时期的主旋律。美国在"一战"前开始取代英国的经济地位，多中心的资本主义世界经济体开始形成。第三次工业革命以石油能源、人工合成材料、微电子技术等新能源、新材料、高科技为新的物质技术基础，开创了"信息时代"。这不仅推动了发达经济体工业化的再升级、产业结构的高级化，也使得一大批发展中国家开始在追赶中发展，全球现代化浪潮开始形成。但不可否认的是，前三次工业革命也带来了资源过度消耗、环境恶化等一系列生态环境问题，为破解这些问题，新一轮技术革命应运而生。第四次工业革命是以人工智能、新材料技术、量子信息技术、清洁能源、生物技术为新的物质技术基础，以信息化、数字化、网络化、智能化等为主要特征的绿色工业革命。以美国为代表的科技领先国家或地区虽然仍处于排头兵的位置，但是中国以及一批新兴工业化国家也第一次成为现代化浪潮的重要参与者与推动者，在发展中追赶和赶超。

从大历史观看现代化，现代化不仅是指从传统农业农村社会向工业化、城市化社会的转型过程，也涉及政治、经济、社会、文化等多方面的系统性、复杂性、长期性、革命性的转型过程（亨廷顿，1971；吉尔伯特·罗兹曼，2010）。经济现代化是国家现代化的核心内容，而技术变革则是国家现代化乃至世界现代化的重要推动力。在社会经济发展过程中，每一轮的技术变革使得技术在迭代中升级，致使经济结构在发展中不断优化，现代化的内涵也在时代发展中不断调整与丰富。

第二节　现代化产业体系的概念与内涵

一、概念解析

产业体系一词来源于产业结构，是对产业结构的发展和延伸。一般而言，产业结构是指国民经济中各生产部门在整体经济中的占比和相互之间的联系，例如，三次产业在国内生产总值（GDP）中的占比及相互融合所形成的联系（罗胤晨等，2021）。产业体系的概念则是对产业结构的内涵进行了外延，不仅包含国民经济各生产部门的占比及相互联系，还包含各生产部门因相互联系而形成有机整体的内涵。

从我国现代产业体系的提出背景看，"现代产业体系"概念更多地出自决策层对现实经济发展取向的思考，而非产业经济学理论发展的内在逻辑结果（刘钊，2011）。改革开放以来，我国产业发展取得显著成就，逐步建立起行业齐全、配套完善的产业体系。党的二十大报告首次提出了"现代化产业体系"这一概念和"建设现代化产业体系"的新任务。

对于现代产业体系而言，学界广泛认为，现代产业体系既吸收了产业结构的合理内容，又拓展了产业体系的理论边界（贺俊、吕铁，2015）。因此，现代产业体系可以说是产业结构和产业体系的"现代化"，是新发展形势下对产业结构与产业体系进行全面升级和优化的新经济概念，是一种具备面向未来发展趋势、更适应国家现代化建设的科学的产业发展架构（李勇坚、张海汝，2022）。现代产业体系是现代经济体系的重要内容和战略重点，而现代化产业体系是建设现代化经济体系的内核（韩平、时昭昀，2023）。

现代化产业体系是实现经济现代化的关键标志，是全面建成社会主义现代化强国的物质基础。目前，关于现代化产业体系的讨论很多，一般认为，现代化产业体系的主体内容包括发达的制造业、强大的战略性新兴产业、优质的服务业以及保障有力的农业，对其内涵特征的描述大多侧重于产业体系本身的质量和效益，弱化了"现代化"的含义，如在某个或某些产业领域形成位居世界前列的制造或服务能力，就被认为成功构建了现代化产业体系（刘振中，2023）。然而，现代化是一个动态发展的过程，其内涵和要求是根据时代变化而不断变化的。纵观世界产业发展历史，每一次工业革命都带来了产业的现代化变革。同时，产业体系现代化还是一个庞大的系统工程，不仅是产业内生动力的现代化，还包括外在关联动力的现代化。面对复杂多变的国际政治经济形势，建设现代化产业体系不仅要考虑产业本身的质量效益，其内涵特征也不只是包括产业的高端性、产销衔接的高效性、产业占比的协调性、产业之间的融合性以及基础配套的完善性等，还应动态考量其现代化进程中的支撑性、引领性、安全性、开放性和可持续性。

一言以蔽之，现代化产业体系是产业发展新型化、产业结构高级化、产业发展集聚化和产业竞争力高端化的综合，是现代化国家的经济基础与实力标志。经过新中国70多年的建设和发展，尤其是改革开放以来40多年的时代赶超，中国已经建成一个规模巨大、结构相对完整的现代产业体系，并在部分产业领域具备了较强的国际竞争力。

二、理论内涵

2023年5月5日，习近平总书记主持召开二十届中央财经委员会第一次会议，研究加快建设现代化产业体系问题，强调"现代化产业体系是现代化国家的物质技术基础，必须把发展经济的着力点放在实体经济上，为实现第二个百年奋斗目标提供坚强物质支撑"①。纵观人类社会现代化发展

---

① 习近平. 习近平主持召开二十届中央财经委员会第一次会议［EB/OL］. 2023 - 05 - 05. https：//www. gov. cn/yaowen/2023 - 05/05/content_5754275. htm.

历程，产业体系的现代化是现代化的核心，是决定大国兴衰的关键因素。必须从统筹中华民族伟大复兴战略全局和世界百年未有之大变局的高度，深刻理解加快建设现代化产业体系的重大意义，结合国内国际新形势，加快打造自主可控、安全可靠、竞争力强的现代化产业体系，夯实全面建设社会主义现代化国家的物质技术基础。

习近平总书记强调："推进产业智能化、绿色化、融合化，建设具有完整性、先进性、安全性的现代化产业体系"①。这是对现代化产业体系内涵的深刻概括，明确了建设现代化产业体系的目标要求。

自党中央提出加快建设现代化产业体系以来，已有研究从不同的角度探讨了现代化产业体系的理论内涵、基本特征和发展战略等问题。刘钊（2011）认为，现代产业体系是在产业创新推动下由新型工业、现代服务业、现代农业等相互融合、协调发展的产业网络系统。赵昌文等（2017）从时间联系、空间布局和位势高低三个角度分析了现代产业新体系的基本特征，探讨了我国构建现代产业新体系的目标与重点任务。芮明杰（2018）认为，现代产业体系是代表生产、流通与技术等未来发展方向的新型产业体系，探究了我国构建现代产业体系的目标模式、体系特征与战略路径。盛朝迅（2019）分析了我国构建现代产业体系面临的瓶颈制约，提出培育高端要素、构建协同机制、优化发展环境与促进四个协同的破解思路。任保平和张倩（2020）认为，新时代我国要以新型工业化、再工业化、继续工业化及工业现代化为基本逻辑构建我国现代化产业体系。胡西娟等（2021）分析了我国"十四五"时期以数字经济构建现代产业体系的路径。林木西和王聪（2022）设计了现代化产业体系的评价指标体系，对我国省级地区现代化产业体系发展水平进行了测度。

芮明杰（2006）指出，随着分工的深化，通过产业链的整合可以增强

---

① 习近平. 习近平主持召开二十届中央财经委员会第一次会议［EB/OL］. 2023 - 05 - 05. https：//www. gov. cn/yaowen/2023 - 05/05/content_5754275. htm.

知识共享、协调分工，减少交易成本，获得递增报酬。郑勇军（2006）认为，通过集群间产业链整合培育，吸引高附加值的产业环节，有利于形成完整的产业链优势，促进产业升级。马歇尔认为，产业集群会带来外部经济效益（Keynes，1924）；波特（Porter，1998）构建了以产业集群为核心的国家竞争模型；克鲁格曼（Krugman，2000）通过数学模型论证了产业集群的规模报酬递增效应，区位理论则肯定了产业集群的创新竞争优势。尽管学者们对产业链、产业集群等现代化产业组织形式的解释不尽相同，但都强调分工合作是现代化产业体系的内涵，强调产业网络内的竞合关系有利于竞争优势的获得。说明现代化产业体系竞争优势的获得来源于竞合关系带来的产业关系的演进。

三、基本特征

现代化产业体系应当具备智能化、绿色化、融合化三个基本特征。

产业体系的智能化，是把握人工智能等新科技革命浪潮的必然要求。当前，通用人工智能、生命科学、新能源等前沿技术领域正在发生革命性突破，将深刻改变经济生产函数，对人类生产生活方式产生持续而深远的影响，已经成为各国竞相投入的新热点。能否实现产业体系的智能化转型，关系到未来国际竞争的成败。建设现代化产业体系，必须持续拓展信息化、数字化的深度，努力抢占全球产业体系智能化的战略制高点。

产业体系的绿色化，是实现人与自然和谐共生的必然要求。应对气候变化和保护生态环境，既是全人类的共同使命，更是我们自身高质量发展的内在要求。生产活动作为人与自然关系的主要环节，是实现绿色低碳循环发展的重中之重。建设现代化产业体系，必须牢固树立和践行绿水青山就是金山银山的理念，积极稳妥推进碳达峰碳中和，抓住全球绿色经济、绿色技术、绿色产业快速发展的机遇，努力实现资源节约、环境友好。

产业体系的融合化，是提升产业体系整体效能的必然要求。现代化产业体系不是若干产业门类的简单拼盘，而是一个内部存在有机联系、功能互补的复杂生态体系。随着新技术新业态新模式不断涌现，行业边界越来越模糊，前沿科技跨领域交叉融合趋势越来越明显。建设现代化产业体系，必须推动产业门类之间、区域之间、大中小企业之间、上下游环节之间高度协同耦合，更好释放产业网络的综合效益。

此外，现代化产业体系还应符合完整性、先进性、安全性三个基本要求。

完整性，就是要保持并增强产业体系完备和配套能力强的优势。产业体系较为完整是我国的一大优势，由此产生了独特的范围经济效应。面对突如其来的新冠疫情，我国能够在较短时间内大幅提升各类抗疫物资的生产能力，有效满足疫情防控的需要，产业门类齐全是一个至关重要的因素。目前，我国在一些高技术细分领域仍存在短板，要在巩固传统优势领域的同时，加快补齐这些短板，不断提高产业体系完整性。

先进性，就是要高效集聚全球创新要素、自主拓展产业新赛道。回顾世界工业化历程，每个时代都有一种或几种重大科技成果广泛渗透到各个产业。掌握这些重大科技成果和战略性支柱产业主导权的国家，往往就是一个时代综合国力领先的国家。建设现代化产业体系，必须坚持科技是第一生产力、人才是第一资源、创新是第一动力，让创新深深扎根于产业发展的土壤中，着力构建一批新的增长引擎，不断塑造发展新动能新优势。

安全性，就是要实现重要产业链自主可控、确保国民经济循环畅通。我国建设现代化产业体系面临的国际环境错综复杂，世纪疫情影响深远，逆全球化思潮抬头，单边主义、保护主义明显上升，特别是有的国家"筑墙设垒""脱钩断链"，大搞单边制裁、极限施压，极力阻碍我国科技和产业发展。建设现代化产业体系，必须增强忧患意识，坚持底线思维，不断提升产业链供应链韧性和安全水平，为应对各种风险挑战提供战略支撑。

四、构成要素

现代化产业体系的主要构成要素包括现代化的工业、农业、服务业和基础设施，这可以看作现代化产业体系的四梁八柱。

现代化的工业是现代化产业体系最重要的基础和核心。工业是立国之本，制造业是强国之基。各国产业体系整体的现代化水平，主要取决于工业的现代化水平。要坚持把发展经济的着力点放在实体经济上，把制造业的饭碗牢牢端在自己手上。我国人口规模巨大，工业规模要与人口规模和经济体量相匹配，才能有效满足 14 亿多人民的美好生活需要，并为量变促成质变、增强创新能力提供充足空间。我国工业质量效益与发达国家相比还有差距，要持续提升技术水平、产出效率、经济效益，努力培育若干战略性产业，加快培养一批世界一流企业、品牌和产业集群。

现代化的农业是现代化产业体系的重要根基。我们党高度重视农业现代化，取得了辉煌成就，有效解决了 14 亿多人口的吃饭问题。未来，要满足人民日益增长的美好生活需要，还要不断推进农业现代化。既要藏粮于地，又要藏粮于技，依靠科技进步不断解放和发展农业生产力。要深度融合各类先进生产要素，在科技支撑有力、设施装备先进、经营管理高效上下更大功夫，努力实现生产设施化、服务社会化、产业融合化，提升资源利用效率。要大力发展生物合成、"农业工厂"等农业新形态，突破耕地等自然条件的限制，更好满足现代社会的需求。

现代化的服务业是现代化产业体系的重要支撑。发展优质高效、现代化的服务业，既是产业链延链增值的迫切需要，也是满足人民不断升级的高品质、多样化需求的必然要求。要推动现代服务业同先进制造业、现代农业深度融合，吸取一些国家脱实向虚、导致产业空心化和社会分化的教训，牢牢坚持金融为实体经济服务，形成生产与服务相互促进的良性循环。要推动服务业供需更好适配，围绕产业的全生命周期谋划发展各类生产性服务业，围绕人的全生命周期谋划发展各类生活性服务业。

现代化的基础设施是现代化产业体系的重要保障。基础设施为产业发展提供不可或缺的公共服务，是现代化产业体系的重要组成部分。回顾世界现代化史，蒸汽机、内燃机、发电机、计算机等技术的大范围推广应用，都离不开相应基础设施的大规模建设和适度超前发展。我国交通、能源、信息、水利等"硬件"基础设施的总体规模已世界领先，要着力提升建设、运营、服务水平，高度重视发展支撑电力、金融、网络平台等高效稳健运行的"软件"基础设施，更好发挥基础设施体系的整体效能。要重视各类新型基础设施建设，适应提升公共卫生应急能力需要，依托大城市郊区现有旅游住宿等设施建设"平急两用"基础设施。

第三节 产业体系评价的理论与实践

不同学者、机构对现代产业体系的解读和理解不尽相同，因此在构建现代产业体系指标体系时，选取的维度和指标也有所差异。部分学者尝试构建了现代产业体系的综合评价指标。结合现代化发展水平和长期发展性，范合君和何思锦（2021）在考虑了产业结构和长期发展与现代产业体系发展的关系后，建立了圆环模型，提出应从发展环境、支撑体系、农业现代化、工业现代化、服务业现代化、产业可持续发展六个方面选取指标来构建现代产业体系的评价体系；也有学者从实体经济、科技创新、现代金融、人力资源四个角度构建了现代产业体系评价指标体系。

纵观既有文献，现有关于评价指标研究的文献可以分为两大类：一类研究从现代产业体系的特征出发，总结出评价现代产业体系的不同维度。如陈展图（2015）从集聚度、协调度、创新度、融合度、开放度、支撑度、生态度七个维度构建指标，对我国 26 个省会城市进行评价并根据结果将省会城市划分为四个梯队。张冀新（2012）在上述七个维度中提炼出协调度、集聚度、竞争度三维模型对我国三大城市群（长三角、珠三角、京津冀）的现代产业体系情况进行了评价。张晓宁和顾颖（2015）重点关注了融合度、集聚度、竞争度三个维度，构建出陕西省现代产业体系评价指标，对陕西省产业体系进行了评价分析。另一类研究则是从政府对现代产业体系提出的四点要求出发，构建了"实体经济—科技创新—现代金融—人力资源"的评价模型。郭诣遂等（2020）借助这四个维度对江苏省现代产业体系进行了评价分析；刘冰和王安（2020）从这四个方面讨论了山东省各地现代产业体系建设存在的问题和短板。

新时代十余年的艰苦奋斗，更使各个产业发展实现了新的历史性跃升。但是，从总体上看，我国的产业发展仍存在大而不强的问题，产业科技含量不高，全要素生产率偏低，在全球产业价值链中仍处于中低端的水平，产业链上有薄弱环节和明显短板，影响产业发展安全，产业体系不牢固、不够健全。加快建设现代化产业体系，就是要从生产力上形成我国经济现代化的强大物质支撑，从而奠定整个国家现代化的经济基础。

产业体系现代化要体现其对现代化经济体系和现代化强国的战略支撑性。产业体系是经济体系的重要组成部分，更是现代化强国的重要基石，产业体系现代化需要从战略上匹配建设现代化经济体系和现代化强国的目标要求。因此，产业体系的现代化，既要充分体现产业体系对高质量国民经济、高水平国民收入等的贡献，又要全面体现支撑中国式现代化进程各阶段战略部署的作用。

产业体系现代化要突出其创新引领性。无论是高精尖产业，还是传统优势产业，在产品和服务标准、规范、技术、创新等方面能够引领全球供给和需求，才能符合现代化的特质。美国、日本等发达国家之所以能够持续保持产业的高端化和高附加值，关键在于其基于技术变革的创新引领力。因此，建设现代化产业体系，必然要加快新一代信息技术和数字技术渗透，强化创新体系和自主创新能力建设，持续推动产业升级并引领发展。

产业体系现代化要强调其安全韧性。尽管我国已经是全世界产业门类最为齐全的国家，但在核心零部件、关键材料等方面进口依赖度仍然较高，相关产业链断链风险隐患依然较大，一个随时可能被"扼住咽喉"的产业体系必然受制于人。因此，在全球供应链加速重构的背景下，产业体系现代化需要做到不断突破供给约束堵点、卡点、脆弱点，在极端情况下能够有效运转，在关键时刻能够反制封锁打压，并能够迅速恢复发展。

产业体系现代化要注重其开放竞争性。现代化与国际化息息相关。只有与国际产业体系接轨，我国产业才能更深度参与全球产业分工和合作，在全球范围内配置资源。同时，竞争性是产业保持活力的源泉，也只有通过全面参与国际竞争，我国产业体系方可保持旺盛生命力。尽管面临逆全球化浪潮冲击，但争取在全球范围扩大"朋友圈"，持续推动开放合作与公平竞争，仍然是建设现代化产业体系的题中之义。

产业体系现代化要实现其发展可持续性。有生命力的现代化产业体系一定是可持续发展的产业体系。这可从两个层面来理解：从产业趋向看，绿色低碳发展既是我国产业转型的必然趋势，也是实现可持续发展的必由之路；从产业生态看，良好的产业生态是集聚产业、催生创新的土壤，是高质量供给与多层次市场需求相互促进的外生动力。因此，产业体系现代化还意味着要引导绿色低碳发展，创造良好产业生态，进而推动产业体系实现可持续的良性循环发展。

加快建设现代化产业体系，既是事关全面建设社会主义现代化国家的长期任务，将贯穿中国式现代化道路的全过程，也是当前经济工作的一个重点，必须从现在起就要开好局、有作为。

第二章 评估理论与分析框架

从概念上来看，现代化产业体系是基于产业经济学理论和中国式现代化理论对产业发展相关内容提出的实践要求，并借此构成一个融合工具理性和价值理性的双螺旋复合式有机整体。理论追溯上，"系统论"是揭示各种系统共同特征的理论，为现代化产业体系提供了基础理论支撑；而"系统论"在现代产业中的应用，则催生了"现代产业系统论"等理论的出现，奠定了现代化产业体系研究的理论框架；进而，根据现代化产业体系的基本概念和内在要求，对"现代产业系统论"进行修正，形成分析现代化产业体系的主体框架。

第一节 系统论

自从美籍奥地利科学家冯·贝塔朗菲（L. Von. Bertalanffy）1945 年在《德国哲学周刊》上发表《关于一般系统论》一文至今，系统论已经诞生近 80 年。贝塔朗菲于 1973 年在纽约出版《一般系统论：基础、发展和应用》一书至今已超 50 年。在这个过程中，系统论经历了两个发展阶段：其一是经典系统论阶段；其二是现代系统论阶段。而贝塔朗菲明确承认马克思的唯物辩证法是系统论的理论先驱，马克思第一次把系统的方法应用于社会历史研究，把社会看成系统，把人类历史看成系统的运动，这一思想直接推动系统论的诞生。

"经典系统论"指的是系统论创立之初，适用性比较广泛的"一般系统论"。"一般系统论"由系统论的奠基者贝塔朗菲于 1937 年首次提出，并于 1945 年正式发表论文，是对"整体"和"整体性"进行科学探索的基础理论，它试图阐述并构建一个适用于各类系统的通用定义，具有广泛的普适性。"一般系统论"通常把系统定义为：由若干要素以一定结构形式联结构成的具有某种功能的有机整体。在这个定义中包括了系统、要素、结构、功能等四个概念，表明了要素与要素、要素与系统、系统与环境等三方面的关系。

"现代系统论"是对经典系统论新发展成果的综合。区别于"经典系统论"重点对"整体"和"整体性"进行探讨，现代系统论的研究对象则是系统内部整体与部分的关系问题。它把系统概念与整体概念严格区分开来，视系统为整体和部分的统一。"现代系统论"认为，整体虽然是系统的核心属性，但它并不等于系统自身，系统论也不孤立地考察系统的整体性，而是通过其与部分、层次、结构、功能、环境的相互关系来考察。

而从特征上来看，系统强调整体与局部、局部与局部、整体与外部环境之间的有机联系，具有整体性、动态性和目的性等三大基本特征。整体性是指系统的整体功能大于系统各要素功能的总和，系统各组成部分之间的相互作用和相互关系决定了系统的整体特征和行为；动态性是指系统会随时间的变化而变化，系统的运动、发展与变化是动态性的具体反映；目的性是指任何系统都具有特定的目的，系统各组成部分之间的协调一致和有序运行共同决定了系统的行为和效果。

第二节　现代产业系统论

"现代产业系统论"是系统论在现代产业中的具体应用。与系统论类似，受到马克思主义理论的影响和启发，相养谋、李乃华等学者结合中国现代产业系统建设的客观实际和内在需求，提出了现代产业系统论。现代产业系统论认为，需从现代产业的客观实际出发进行理论创新，并将整个现代产业系统分为经济活动元素、生产劳动过程和社会财富三部分：经济活动元素为输入要素，生产劳动过程是现代产业系统的核心组成部分，而社会财富的增加则是现代产业系统的输出部分。其中，又将生产劳动过程划分为四大板块，即物质生产劳动、科学技术研究劳动、教育劳动和服务劳动，以此为基础构建现代产业系统的内部结构。

　　在生产劳动过程的四个板块中，科学技术研究系统居于领导地位，不同国家产业结构的性质和现代化程度不同，归根到底是由科学技术研究系统的功能决定的。国民教育系统在现代产业结构中处于关键性地位，没有教育的发展和教育结构的进步就没有科学技术研究系统的成长，也不可能将科技成果运用于物质资料生产系统和服务系统中。物质资料生产系统在现代产业结构中处于基础性地位。随着科学技术研究系统和国民教育系统在现代产业结构中的比重不断提高，物质资料生产系统的比重趋于降低。服务系统同科学技术研究系统、国民教育系统一样，随着社会分工的深化而形成和发展起来。在现代产业结构中，每一个子系统的存在和发展，都依赖于其他子系统，各个子系统之间相互制约，形成现代产业结构的均衡性。现代产业系统的基本结构如图 2.1 所示。

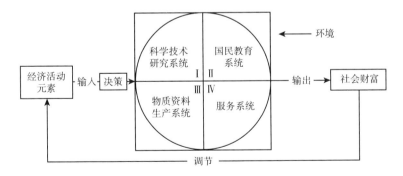

图 2.1　现代产业系统的基本结构

资料来源：图片引用自相养谋和李乃华（1986）。

第三节　现代化产业体系评估的理论修正

在系统论和现代产业系统论的基础之上，根据现代化产业体系的理论内涵和新时代建设要求，对上述理论进行修正，形成现代化产业体系评估的分析框架。

一、基于新时代产业体系要求的修正——多样化输出，突出现代化

现代产业系统论搭建了现代产业体系的基本单元，分别为输入端的经济活动元素、作为主体的生产过程系统、输出端的社会财富。然而，随着时代发展的不断变化，本报告认为相荞谋和李乃华（1986）提出的现代产业系统论在两个方面存在欠缺：一是在输出端的多样化上有所欠缺。改革开放初期，为快速推进我国经济建设，以粗放式发展为特征的发展模式占据主导，社会财富的增加是产业系统的主要目标。而 21 世纪以来，全球更加关注经济发展的可持续性，包括我国在内的主要国家均致力于提高生产效率，推动粗放式发展向集约式发展转型。因此，现阶段产业体系的输出端，在强调社会财富增加之外，更加强调产业体系效率的提升。二是对于现代化要求的迫切性体现不足。现代产业系统论搭建了产业发展主要支撑子系统的框架，重点强调科学技术研究系统、国民教育系统、物质资料生产系统和服务系统的各自功能和不可或缺性，但对于产业体系的现代化要求还不明确。随着全球竞争的加剧，产业体系是否具备现代化发展要求已经是决定产业体系竞争力的关键因素，习近平总书记在二十届中央财经委员会第一次会议中突出强调："推进产业智能化、绿色化、融合化，建设具有完整性、先进性、安全性的现代化产业体系"[1]。综上，本报告在现代产

---

[1]　习近平. 习近平主持召开二十届中央财经委员会第一次会议［EB/OL］. 2023 – 05 – 05. https：//www. gov. cn/yaowen/2023 – 05/05/content_5754275. htm.

业系统论的基础上，对现代化产业体系的子系统进行调整，划分为"产业体系子系统"和"现代化发展子系统"两个部分，"产业体系子系统"强调现代化产业体系的传统构成与发展程度，而"现代化发展子系统"强调刻画现代化产业体系的发展要求与发展方向。进而在现代产业系统论的观点基础上，强调现代产业输出的综合性和创新性需求，将"产业体系子系统"划分为"要素投入""生产过程""综合产出"3个一级指标。根据现代化产业体系发展的现代化需求，明确发展的方向和要求，将"现代化发展子系统"划分为"发展方向"和"发展要求"2个一级指标。

二、基于产业经济学视角的修正——智能化发展，突出先进性

产业经济学是研究产业要素、结构、功能、性质、发展规律的经济学分支学科，主要以产业结构、产业组织、产业发展、产业布局和产业政策等为研究对象，是现代化产业体系研究的重要基础学科。产业经济学主流观点认为，随着经济的不断发展，产业结构存在一定的演进规律。比如，产业结构理论中的"配第—克拉克定理"基于三次产业分类法，阐述了随着经济的发展，收入和劳动力在一二三产之间逐步转移的变化规律。而随着产业经济学研究的发展，对于产业结构的认识也更加深入。一是对于一二三产重要性的认识有了变化，以往研究认为随着收入增加，产业结构会渐次向第三产业演进；而随着以美国为首的西方发达国家制造业空心化情况的加剧，世界各国逐渐加大对制造业的重视程度。比如，美国在2013年就开始提出"制造业回流"，大力推动制造业回流已有十余年；中国持续加大对制造业的各项政策支持，上海在2016年制定的《上海市制造业转型升级"十三五"规划》中就提出，上海"十三五"制造业增加值占全市生产总值的比重不低于25%，《上海市先进制造业发展"十四五"规划》《上海市推动制造业高质量发展三年行动计划（2023～2025年)》等政策则继续强调了25%的制造业比重底线，严格限制经济完全"脱实向虚"发展。二是在制

造业中，强调了智能化发展和产业体系先进性的重要性。认识到智能化是未来产业发展的重要趋势，发达国家提出了一系列智能化发展战略，如德国的"工业4.0"、美国的"工业互联网"、日本的"智能工厂"等战略。中国也提出了"智能制造2025"战略，着力推动制造业智能化发展，大力投入尖端领域研发，高技术产业已经成为国家间竞争的核心领域。当前，产业体系智能化发展的重要性受到政产学研用等社会各界的普遍认可，产业体系的先进性成为现代化产业体系发展的重要特征。基于此，本报告对现代化产业体系框架的"现代化发展子系统"进行调整，在一级指标"发展方向"中，设置二级指标"智能化"；在一级指标"发展要求"中，设置二级指标"先进性"。

三、基于生态经济学视角的修正——绿色化发展，强调可持续

生态经济学是从经济学角度研究生态系统和经济系统所构成的复合系统的结构、功能、行为及其规律性的学科。随着温室效应、环境污染等全球环境问题的日益加剧，全球各国普遍意识到环境保护的重要性，2000年由189个国家签署的《联合国千年宣言》中把确保环境的可持续性作为重要的千年发展目标写入其中。在相养谋和李乃华（1986）提出的现代产业系统论中，把产业体系的生产能力和经济价值放在主要位置，并未考虑绿色化发展的重要性。从生态经济学视角来看，产业体系绿色化发展的必要性主要体现在三个方面：一是强调产业发展的环境责任。工业革命以来，人类社会的产业生产能力得到大幅提升，但长期的粗放式发展方式导致以"伦敦烟雾事件""日本水俣病"等事件为代表的恶性环境事件频发，引发了全球对于发展模式的反思，产业发展的环境责任已经成为广泛共识。二是强调绿色技术的经济价值。绿色发展共识促进了环境责任价值化，《京都议定书》首开在全球范围内以法规的形式限制温室气体排放的先河，并做了国际排放贸易机制等制度安排，这说明产业绿色技术的发展不仅体现在履行环境责任上，也体现在产业绿色发展的经济价值上。三是强调产业绿

色化发展的时代趋势。以习近平生态文明思想为指导，以产业生态化和生态产业化为主体的产业绿色化发展趋势已经显现，以清洁能源产业为代表的生态产业化发展、以新能源汽车为代表的产业生态化发展是国家核心竞争力的重要组成部分，成为当代产业竞争的核心领域。基于上述日益深入人心的共识，产业绿色化发展已经成为生态经济学的核心研究议题。本报告据此对现代化产业体系框架进行调整，在一级指标"发展方向"中，进一步设置二级指标"绿色化"。

四、基于演化经济学视角的修正——融合化发展，保障完整性

演化经济学是采用个体群思维方法研究经济问题，以达尔文主义作为哲学基础的经济学分支学科。演化经济学认为，经济转变有三种要素：一是行为变异或微观多样性；二是将变异转变为经济变迁形态的选择过程；三是产生和再生行为变异的发展过程。对于产业领域而言，产业之间的相互交融是驱动产业演化的重要动力，无论是路径依赖还是路径创造都有赖于产业之间的发展和选择才能产生。现代化产业体系是一个内部存在有机联系、功能互补的复杂生态体系，随着新技术、新业态、新模式的不断涌现，行业边界越来越模糊，前沿科技跨领域交叉融合趋势越来越明显。因此，一方面，产业发展的完整性是现代化产业体系进行演化的重要基础，能够提升现代化产业体系的能动性与多样性，是衡量现代化产业体系的重要组成部分；另一方面，现代化产业体系整体效能的提升有赖于通过区域、产业、企业乃至产业链、供应链之间的融合发展来提供演化动力。而从融合化发展的效果来看，一方面，服务于融合发展的特殊部门经济得到发展，生产性服务业是其中的代表；另一方面，融合发展带来的效能提升，能够推动产业体系的价值链攀升。基于此，本报告对现代化产业体系框架进行调整，在一级指标"发展方向"中，增设二级指标"融合化"；并在一级指标"发展要求"中，增设二级指标"完整性"。

五、基于制度经济学视角的修正——制度促发展，注重安全性

制度经济学重视对非市场因素的分析，诸如制度因素、法律因素、历史因素、社会和伦理因素等，其中尤以制度因素为甚，强调这些非市场因素是影响社会经济生活的重要方面。从产业发展的制度经济学分析而言，一方面，以中国为代表的拥有强力政府的国家在发展过程中展现出强大的经济活力，制度成为推动产业发展的重要因素，稳定、积极的制度环境建设受到重视。另一方面，当前世界正经历百年未有之大变局，国际环境云谲波诡，导致国际现代化产业体系竞争呈现复杂性和不稳定性叠加的态势，国家间非市场因素导致的矛盾增加，这更加要求强调现代化产业体系的韧性建设，注重安全性。基于此，本报告在一级指标"发展要求"中增设二级指标"安全性"。

第四节　现代化产业体系评估的理论分析框架

基于"现代产业系统论"构建的基本框架，结合对现代化产业体系的理解和修正，课题组最终构建了现代化产业体系的理论分析框架，如表 2.1 所示。

表 2.1 　　　　　　　　　　现代化产业体系的理论分析框架

子系统	理论要素	内涵	外延
产业体系子系统	要素投入	表征现代化产业体系所需要的投入要素，是一国中与生产资料相关的要素集合	应用"柯布—道格拉斯生产函数"，包含科技、人力和资本要素 3 个二级指标
	生产过程	表征现代化产业体系的支撑主体，是生产活动存在和产生所依托的实体，是一国中与生产活动相关的子系统的集合	沿用"现代产业系统"理论，主要包含科技研发、国民教育、物质生产、生产服务 4 个二级指标
	综合产出	表征现代化产业体系的产出部分，表现为一国现代化产业体系运行的效率和结果	在经济增长之外，增加了对综合产出的创新性要求，主要包含经济增长和创新成果 2 个二级指标

续表

子系统	理论要素	内涵	外延
现代化发展子系统	发展方向	表征现代化产业体系的发展方向，表现为一国现代化产业体系的智能化、绿色化、融合化发展程度	应用产业经济学、生态经济学、演化经济学等学科观点，主要包含智能化、绿色化、融合化 3 个二级指标
	发展要求	表征现代化产业体系的发展要求，表现为一国现代化产业体系在安全性、先进性、完整性上的发展水平	应用产业经济学、演化经济学、制度经济学等学科观点，主要包含安全性、先进性、完整性等 3 个二级指标

第三章　指标体系构建与指数测算

第一节　指标筛选的原则

课题组主要遵循理论创新与专家评判相结合、代表性与可获得性兼顾、多重目标兼顾以及系统整合与独立可比的原则，编制 2021 年 G20 集团 19 个国家（欧盟除外）现代化产业体系评价指标体系。

一、理论创新与专家评判相结合原则

在全球化和新发展格局背景下，课题组根据现代化产业体系的理论内涵和内在要求，从经济学视角对"现代化产业体系"进行了理论修正，以此来指导指标体系的构建。同时，在具体指标尤其是需要测度的三级指标的筛选过程中，课题组主要通过内部研讨，以及国内外相关领域专家问卷征询等方式加以甄别，以便使课题研究的理论假设与专家的经验判断能够有机统一。

二、代表性与可获得性兼顾原则

结合"现代化产业体系"理论模型，课题组选取了要素投入、生产过程、综合产出、发展方向、发展要求等作为一级指标，重点分析了它们与资本、劳动力、科技、物质资料生产等二级指标的关系和作用机制，进而

提炼出一些最具代表性的可测度的要素指标。在此基础上，课题组将指标数据可获得性作为依据，对这些分解指标进行筛选，以便利用世界知识产权组织、世界能源理事会等权威数据库资源，从而测度 2021 年 G20 集团 19个国家（欧盟除外）的现代化产业体系发展水平。

三、多重目标兼顾原则

建设现代化产业体系要重点从"现代化"以及"体系"这两个范畴去理解。自主性、开放性、协调性等现代性特征，决定了现代化产业体系是构建新发展格局的基础。理论界一般认为，现代化产业体系建设是以实体经济为基石，以科技创新为引领，以资金、人才等关键要素为保障，打造自主可控、安全可靠、竞争力强的现代产业体系，实现全要素生产率和经济效益持续提升。无论是从什么角度来界定现代化产业体系这个范畴，都是指现代知识技术密集、创新能力强、附加值率高的产业系统，因此，现代化产业体系是国家现代化的物质基础和载体。完整性、先进性、安全性三者之间是相辅相成、辩证统一的关系。完整性和先进性可以促进和提升产业体系的安全性，安全性又是建设具有完整性和先进性产业体系的重要保障。

四、系统整合与独立可比原则

系统整合原则体现在本报告的指标选择以评价体系圆环模型为基础，注重各个维度之间的联系，力求做到逻辑清晰、层次分明，形成一个科学合理的评价体系。具体而言，指标之间应该具有内在的逻辑性和关联性，相互之间不应该存在冲突或重复。每个指标的选择和设计应当与评价目的和评价对象的特点相匹配，以确保评价体系的整体合理性和有效性。独立可比原则体现在本报告选取的指标在技术层面具有独立性和可比性，指标的独立性指的是每个指标应该能够单独衡量某个方面或特征，而不受其他指标的影响；指标的可比性指的是指标的度量方式和标准应当具有一定的统一性，以便进行跨时间、跨领域或跨对象的比较。

第二节　权重测量的方法

关于各项指标权重值的计算方法有很多，常见的有等权重法、专家打分法、主成分分析法和熵值法。相较于其他方法，熵值法能够在很大程度上消除主观因素的干扰，更客观地反映各项指标对整体的影响，保证结果的准确性和客观性。结合实际测算需要，课题组选择使用熵值法来确定各项指标的权重值，再采用集中求和的方式得到现代化产业体系综合指数。该指数值越大，说明现代化产业体系建设水平越高，反之亦相反。具体计算过程如下。

数据标准化处理。对 m 个城市的 n 个指标构成的数据矩阵进行标准化，对于正向指标的标准化方法为公式（3 - 1），对于负向指标的标准化方法为公式（3 - 2）：

$$Z_{ij} = \left\{ X_{ij} - \min X_{ij} \right\} / \left\{ \max X_{ij} - \min X_{ij} \right\} \qquad (3-1)$$

$$Z_{ij} = \left\{ \max X_{ij} - X_{ij} \right\} / \left\{ \max X_{ij} - \min X_{ij} \right\} \qquad (3-2)$$

指标信息熵计算。计算第 j 个指标的信息熵值：

$$e_j = -\left(\frac{1}{\ln m} \right) \sum_{i=1}^{m} \left(Z_{ij} / \sum_{i=1}^{m} Z_{ij} \right) \ln \left(Z_{ij} / \sum_{i=1}^{m} Z_{ij} \right), 1 \leqslant j \leqslant n \qquad (3-3)$$

指标权重计算。计算第 j 个指标的权重值：

$$W_j = (1 - e_j) / \sum_{j=1}^{n} (1 - e_j) \qquad (3-4)$$

综合评价值计算。计算第 i 个国家的综合评价得分：

$$Y_i = \sum_{j=1}^{n} W_j Z_{ij} \qquad (3-5)$$

根据熵值法最终确定指标权重，如表 3.1 所示。

表3.1　　　　　　　　　　现代化产业体系指数指标权重

子系统	一级指标	二级指标	三级指标	单位	权重
产业体系子系统	要素投入	资本要素	外商直接投资净流入占GDP比重	%	0.0358
		人力要素	15~64岁人口占比	%	0.0128
		科技要素	每百万人R&D研究人员	人	0.0622
			R&D研发支出占GDP比重	%	0.0456
	生产过程	科技研发	每百万人口的专利申请量	项	0.1102
		国民教育	政府教育支出占比	%	0.0390
		物质生产	农业增加值占比	%	0.0519
			工业增加值占比	%	0.0313
			服务业增加值占比	%	0.0223
		生产服务	全球经济自由度	/	0.0249
			金融竞争力指数	/	0.0364
	综合产出	经济增长	GDP增长率	%	0.0314
		创新成果	全球创新指数	/	0.0368
现代化发展子系统	发展方向	智能化	数字经济指数	/	0.0221
		绿色化	PM2.5年度均值	μg/m³	0.0414
			单位GDP二氧化碳排放量	百万吨/亿美元	0.0448
			单位GDP一次能源消费量	吨/美元	0.0403
		融合化	三次产业耦合协调指数	/	0.0256
	发展要求	安全性	能源三难指数（根据排名赋值转化）	/	0.0735
			对外贸易依存度（商品贸易占GDP比重）	%	0.0237
		完整性	工业生产指数	/	0.0418
			制造业竞争力指数	/	0.0602
		先进性	全球价值链GVC指数	/	0.0384
			高技术产品双边贸易占GDP比重	%	0.0476

第三节 数据获取、处理与汇总计算

根据 2023 年世界银行公布的数据，G20 汇集了世界上的主要经济体，约占世界经济的 85%，全球贸易的 75% 以上，以及世界人口的约 2/3。G20 国家在制造业发展水平、经济社会发展状况、地区及人口分布等方面具有代表性，它们的合作和决策对全球经济和社会发展产生着广泛而深远的影响。因而，课题组最终选择 G20 中的 19 个国家（欧盟除外），作为现代化产业体系综合指数测算的标的国家。现代化产业体系评价指标体系的三级指标说明及数据来源如表 3.2 所示。

表 3.2   评价体系指标说明及数据来源

三级指标	指标说明	数据来源
外商直接投资净流入	外商直接投资净流入是在一定时期内，境外投资者向某个国家或地区的企业或项目进行的直接投资减去从该国家或地区的企业或项目向境外投资者进行的直接投资的净额。反映了外商直接投资的规模和方向	世界银行 WDI 数据库
15~64 岁人口占比	15~64 岁人口占比是衡量一个国家或地区劳动力要素的重要指标之一，这个年龄段的人通常具有较高的就业能力和生产力。因此，课题组通过该指标评估一个国家或地区的劳动力状况	世界银行 WDI 数据库
全球创新指数	全球创新指数反映了一个国家或地区在科技要素方面的表现和竞争力。它评估了创新投入、科技产出和创新环境等因素，以确定一个国家或地区的创新绩效和潜力	世界知识产权组织
每百万人 R&D 研究人员	较高的每百万人 R&D 研究人员数可能意味着该国或地区投入更多的资源和资金用于科学研究和技术开发。这可以促进科技成果的产出，推动技术进步和创新，对经济增长和竞争力的提升具有积极的影响	世界银行 WDI 数据库

续表

三级指标	指标说明	数据来源
R&D 研发支出占 GDP 比重	较高的 R&D 研发支出占 GDP 比重表明一个国家或地区在科技领域具有较高的投入水平，有助于培育创新环境、促进科技成果转化和经济发展	世界银行 WDI 数据库
每百万人口的专利申请量	专利申请量的高低可以反映一个国家或地区在科技创新和技术产出方面的活跃程度和水平。较高的每百万人口的专利申请量意味着该国或地区在科技创新和发明方面具有较高的产出能力	The Global Competitiveness Report
政府教育支出占比	政府教育支出用于反映一个国家或地区对国民教育的投入程度和重视程度，较高的比例表明政府将教育视为国家发展和社会进步的重要基石，致力于提供高质量的教育机会和资源，促进人才培养和人力资本积累	世界银行 WDI 数据库
农业增加值占比	农业增加值占比的高低可以反映一个国家或地区农业在经济中的地位和作用，较高的比例意味着农业在国民经济中的贡献较大，意味着该国或地区的经济结构中农业部门的比重较高，农产品的生产和供应对国家的物质资料生产起着重要作用	世界银行 WDI 数据库
工业增加值占比	工业增加值占比的高低可以反映一个国家或地区工业部门在经济中的地位和作用，较高的比例意味着工业对国民经济的贡献较大	世界银行 WDI 数据库
服务业增加值占比	服务业在国民教育的物质资料生产中扮演着重要角色，当服务业增加值占比较高时，可以反映服务业在国民经济中的重要地位和对国民教育物质资料生产的贡献	世界银行 WDI 数据库
全球经济自由度	全球经济自由度是一个用于评估不同国家或地区的经济环境和市场自由度的指标，较高的全球经济自由度意味着经济环境相对开放和自由，政府对经济的干预较少，市场竞争和企业活动较为自由。这通常有助于促进创新、吸引投资、提高生产效率和经济增长	《华尔街日报》和美国传统基金会发布
金融竞争力指数	金融竞争力指数是一个用于评估不同国家或地区的金融环境和金融市场竞争力的指标，反映了一个国家或地区金融行业的发展水平、金融市场的开放程度、金融机构的竞争力以及金融监管的有效性。较高的金融竞争力指数意味着一个国家或地区的金融环境相对开放、竞争激烈，并且金融机构具有较高的效率和创新能力	中国社会科学院世界经济与政治研究所

续表

三级指标	指标说明	数据来源
GDP 增长率	GDP 增长率的高低显示了经济增长的快慢和强弱。较高的 GDP 增长率意味着经济快速增长，反映了一个国家或地区的经济活动和生产总值的增加	世界银行 WDI 数据库
数字经济指数	数字经济指数是一个衡量数字经济发展程度和智能化水平的指标，反映了一个国家或地区在数字技术和信息通信技术应用方面的成熟程度和创新能力	中国信息通信研究院
PM2.5 年度均值	PM2.5 年度均值是衡量空气质量的一个指标，特别是衡量细颗粒物（颗粒物直径小于等于 2.5 微米）的浓度水平。较高的 PM2.5 年度均值意味着空气中细颗粒物的浓度较高，反映了产业活动中的污染排放和环境质量下降	世界卫生组织
二氧化碳排放量	二氧化碳（CO_2）是主要的温室气体之一，其排放与化石燃料的燃烧和工业生产过程密切相关。较高的二氧化碳排放量意味着产业活动中的温室气体排放较多，反映了产业绿色化的不足	国际能源署
一次能源消费量	一次能源消费量是指在产业活动中使用的化石燃料和其他非可再生能源的总量。较高的一次能源消费量通常意味着产业活动对有限资源的依赖程度较高，同时也导致更多的能源消耗和环境影响	BP《世界能源统计年鉴2022》
三次产业耦合协调指数	三次产业耦合协调指数是衡量一个国家或地区三次产业（农业、工业和服务业）之间协调发展程度的指标，反映了现代化产业体系的融合化水平，即三个产业之间相互支撑、相互促进的程度。课题组采用物理学中的"耦合协调度"来计算三次产业的耦合协同度，作为现代化产业体系中融合化水平的反映	课题组根据世界银行的 WDI 数据库测度
能源三难困境指数	能源三难困境指数是一个衡量能源供应安全性的指标，反映了现代化产业体系在能源方面所面临的困境和挑战。较高的能源三难困境指数意味着现代化产业体系在能源方面面临较大的安全性挑战	世界能源委员会
对外贸易依存度	对外贸易依存度是指一个国家或地区经济中对外贸易的依赖程度。较高的对外贸易依存度意味着一个国家或地区的现代化产业体系在很大程度上依赖于外部市场和国际贸易，可能带来一些安全性的挑战	联合国贸发会议数据库

三级指标	指标说明	数据来源
工业生产指数	工业生产指数是衡量一个国家或地区工业生产活动水平的指标，它通常以某个基准年份的产值或产量作为参考，用于比较不同时间段的工业生产情况。较高的工业生产指数可以反映现代化产业体系的完整性	联合国贸发会议数据库
制造业竞争力指数	制造业竞争力指数可以在一定程度上反映其现代化产业体系的完整性。如果一个国家在世界制成品贸易中发挥重要作用，表明该国家的产业体系具有较高的完整性，意味着该国家在制造、加工和出口各类产品方面具备较高的能力和竞争力	联合国工业发展组织发布的制造业竞争力指数
全球价值链（GVC）指数	GVC 指数是衡量一个国家或地区在全球价值链中的地位和参与程度的指标，可以在一定程度上反映现代化产业体系的先进性。较高的 GVC 指数意味着一个国家或地区的产业体系在全球价值链中扮演着较为重要的角色，表明该国家或地区的产业体系具有较高的先进性和技术水平	对外经济贸易大学全球价值链研究院
高技术产品双边贸易	高技术产品通常具有较高的技术含量、创新性和附加值，其生产和贸易往往需要先进的技术和专业知识，以及高水平的研发和制造能力。因而，高技术产品的双边贸易可以反映现代化产业体系的先进性	联合国商品贸易统计数据库

第四节 测算结果

根据权重和标准化数据，汇总计算得到 2021 年 G20 国家（欧盟除外）现代化产业体系综合指数及排名，如表 3.3 所示。

表 3.3 2021 年 G20 国家现代化产业体系综合指数及排名

国家	指数	百分值（%）	排名
美国	0.5697	56.97	1
中国	0.4599	45.99	2

续表

国家	指数	百分值（%）	排名
日本	0.4334	43.34	3
韩国	0.4330	43.30	4
德国	0.4287	42.87	5
加拿大	0.4161	41.61	6
英国	0.4028	40.28	7
法国	0.3649	36.49	8
印度	0.3036	30.36	9
沙特阿拉伯	0.2556	25.56	10
俄罗斯	0.2549	25.49	11
意大利	0.2521	25.21	12
澳大利亚	0.2518	25.18	13
南非	0.2463	24.63	14
土耳其	0.2318	23.18	15
印度尼西亚	0.2040	20.40	16
墨西哥	0.1930	19.30	17
巴西	0.1851	18.51	18
阿根廷	0.1663	16.63	19

第四章　指标比较分析

第一节　要素投入

生产要素投入是各国现代化产业体系的基础，它们相互作用和影响，共同推动经济的增长和发展。通过合理配置和有效利用资本、劳动力和技术资源，各国可以建立具有竞争力的现代化产业体系，实现经济的可持续发展。课题组从资本要素、人力要素和科技要素3个维度的4个具体指标对19个国家现代化产业体系的生产要素投入进行评价测度。由图4.1可知，美国、韩国、加拿大、德国、英国在生产要素投入得分方面属于第一梯队，这些国家注重教育和培训、拥有高素质的劳动力，在资本积累、技术创新、产业结构多样化和国际竞争力方面具有较高的实力，为其现代化产业体系的发展奠定了坚实的基础。法国、日本、澳大利亚、南非、中国、俄罗斯、意大利属于第二梯队。土耳其、巴西、沙特阿拉伯、阿根廷、墨西哥、印度、印度尼西亚属于第三梯队，这些国家在一定程度上面临一些挑战和限制。

一、资本要素

资本要素是各国现代化产业体系的重要组成部分。在现代化过程中，资本的积累和投资对于促进经济发展、推动产业结构升级以及技术创新起着关键作用。从图4.2来看，南非在外商直接投资净流入占GDP比重方面可能具

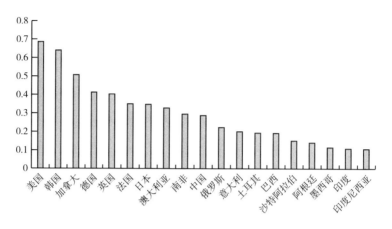

图 4.1　2021 年各国要素投入评价指标得分

有较高的表现，并且明显高于其他国家，这可能与近年来南非采取了一系列的改革和政策措施密切相关，吸引了外商直接投资，为境外投资者提供更好的投资环境和机会。加拿大、法国、巴西、墨西哥、沙特阿拉伯、德国、俄罗斯、中国、美国、印度尼西亚、土耳其、澳大利亚、印度、阿根廷和韩国这些国家处于中等位置，相差不明显。而意大利、日本和英国外商直接投资净流入占 GDP 比重较低，这些属于相对成熟的经济体，它们已经吸引了大量的外商直接投资，并且投资规模相对较大。因此，尽管它们仍然可能吸引外商投资，但增长速度相对较低，导致外商直接投资净流入占 GDP 比重较低。

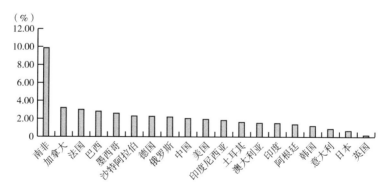

图 4.2　2021 年各国外商直接投资净流入占 GDP 比重

资料来源：世界银行 WDI 数据库。

二、人力要素

人力要素在现代化产业体系中扮演着至关重要的角色。现代化产业需要高技能的劳动力来应对复杂的生产和操作要求，包括工程技术、数字技术、管理技能等。高技能劳动力可以提高生产效率、质量和创新能力，使企业在竞争激烈的市场中取得优势。从图4.3来看，在15～64岁人口占比方面，各国之间的差异可能相对较小。这是因为这个年龄段通常被认为是劳动力人口的主要范围，包括工作年龄和潜在的劳动力。虽然不同国家可能有相似的15～64岁人口占比，但实际上的劳动力参与率和就业率可能存在差异，某些国家可能有更高的就业率和劳动力参与率，表明更大比例的劳动力实际上在工作。

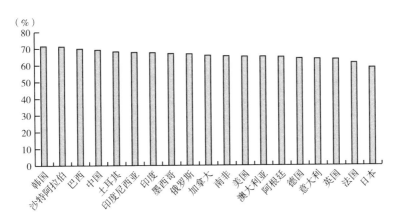

图4.3　2021年各国15～64岁人口占比

资料来源：世界银行WDI数据库。

三、科技要素

科技要素是现代化产业体系的关键组成部分。科技的应用和创新对于现代产业的发展和竞争力至关重要。科技是推动技术创新的基础。现代化产业需要不断引入新技术、新产品和新工艺，以提高生产效率、降低成本，并满足不断变化的市场需求。科技创新可以帮助企业开发新产品、改进生产流程和提高产品质量。从图 4.4 来看，美国、加拿大、英国、韩国、澳大利亚、日本、德国、法国的每百万人 R&D 研究人员数值较高，这些国家都重视科技创新和研发，在培养和吸引高水平的研究人才方面投入了大量资源。俄罗斯、意大利、阿根廷、土耳其、中国处于中等位置，这些国家在科技研究和创新方面也有一定的实力和投入，但相对于前述国家来说，还有发展的空间。沙特阿拉伯、印度尼西亚、墨西哥、南非、巴西、印度数值较低，这些国家在科技研究和创新方面的研发投入相对较少，还需要进一步加强科技领域的发展和人才培养。与每百万人 R&D 研究人员不同的是，在 R&D 研发支出占 GDP 比重方面，韩国、美国、日本、德国、中国和法国处于第一梯队，它们在科技创新、高技术产业和科技人才培养方面处于相对领先的位置。英国、澳大利亚、加拿大、意大利、巴西、土耳其和俄罗斯处于第二梯队，其 R&D 研发支出占 GDP 的比重相对较低，但仍有一定的投入和发展。印度、南非、沙特阿拉伯、阿根廷、印度尼西亚和墨西哥处于第三梯队，这些国家在科技研究和创新方面的投入较低，其 R&D 研发支出占 GDP 的比重相对较小，还需要加大对科技领域的投入和发展，以提升科技创新能力和国家竞争力。

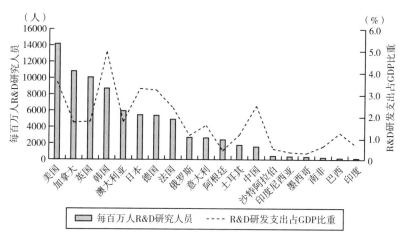

图 4.4　2021 年各国 R&D 研究人员和研发支出占 GDP 比重

资料来源：世界银行 WDI 数据库。

第二节 生产过程

生产过程是各国现代化产业体系的核心组成部分。现代化产业体系涉及从原材料采集到最终产品交付的整个过程，其中生产过程是其中一个重要环节。在生产过程中，原材料经过加工、制造、装配等环节，最终转化为可供消费者使用的产品。课题组从科技研发、国民教育、物质生产和生产服务 4 个维度的 7 个具体指标对 19 个国家现代化产业体系的生产过程进行评价测度。由图 4.5 可知，日本、韩国、美国和德国处于第一梯队，这些国家在现代化产业体系的生产过程中表现出较高的得分，拥有先进的技术、高效的生产设备和优秀的质量控制体系。加拿大、澳大利亚、英国、沙特阿拉伯、法国、印度、印度尼西亚、中国、墨西哥和南非处于第二梯队，这些国家在现代化产业体系的生产过程中得分居于中等水平，在技术水平、生产效率和质量控制等方面具有一定优势，但相对于第一梯队仍有差距。意大利、土耳其、巴西、阿根廷和俄罗斯处于第三梯队，这些国家在现代化产业体系的生产过程中得分较低，可能面临技术落后、生产效率不高和质量控制不完善等挑战。

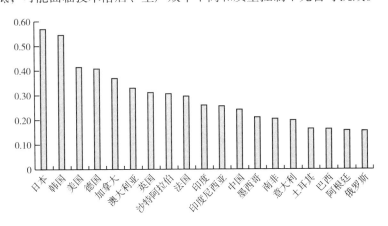

图 4.5 2021 年各国生产过程评价指标得分

一、科技研发

现代化产业体系是指一个国家或地区在经济发展过程中逐渐实现产业结构升级和技术水平提升的过程。科技研发是推动构建现代化产业体系的关键驱动力之一。根据图 4.6 可知，在每百万人口的专利申请量方面，日本、韩国、德国、法国、美国、加拿大、英国、意大利、澳大利亚处于第一梯队，这些国家在每百万人口的专利申请量方面表现出较高的水平，在科技创新、技术研发和知识产权保护方面具有一定优势。虽然中国在每百万人口的专利申请量方面处于第二梯队，但与第一梯队国家相比，仍存在较大的差距。由于中国是全球人口最多的国家之一，因此即使在绝对数量上拥有大量的专利申请，但每百万人口的申请量仍然可能相对较低。沙特阿拉伯、俄罗斯、土耳其、南非、墨西哥、巴西、印度、阿根廷、印度尼西亚处于第三梯队，这些国家在每百万人口的专利申请量方面相对较低，在科技创新和知识产权保护方面面临一定的挑战。

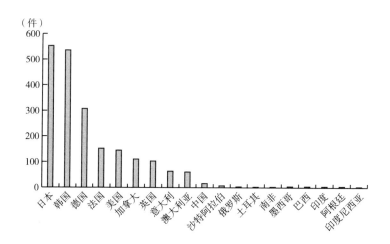

图 4.6　2021 年各国每百万人口的专利申请量

资料来源：全球竞争力报告（The Global Competitiveness Report）。

二、国民教育

国民教育系统为现代化产业体系提供了高素质的人力资源。通过基础教育、职业教育和高等教育等层次的教育培养，国民教育可以提供各个层次和领域所需的人才。这些人才在科学、技术、工程、数学等领域具备专业知识和技能，有助于推动现代产业的创新和发展。根据图4.7可知，在政府教育支出占比方面，沙特阿拉伯、南非、澳大利亚、美国、英国、法国、墨西哥、加拿大、阿根廷处于第一梯队，这些国家在政府教育支出占比方面表现出较高的水平，投入较多的资金用于教育领域。德国、巴西、印度、意大利处于第二梯队。韩国、俄罗斯、中国、印度尼西亚、日本、土耳其处于第三梯队，不同国家的政府可能将资源优先用于其他领域，如经济发展、产业升级或社会保障等，这可能导致教育领域的经费相对较少，因为政府将资源投入了其他被视为更紧迫或更重要的领域。

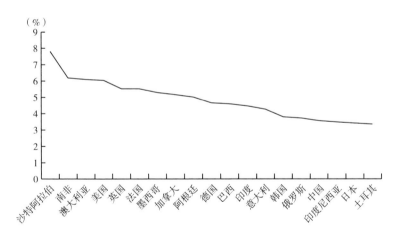

图4.7 2021年各国政府教育支出占比

资料来源：世界银行WDI数据库。

三、物质生产

现代化产业体系不仅依赖于物质生产，还包括服务业、创意产业和知识经济等其他领域。这些领域的发展也为现代化产业体系的多元化和创新提供了重要支持。根据图 4.8 可知，G20 集团的 19 个国家在农业增加值、工业增加值和服务业增加值占比方面，排名有所差别。不同国家的经济结构可能存在差异，这取决于各国的资源分布、产业发展历程和政策导向等因素。就服务业增加值占比而言，日本、美国、英国、法国、加拿大、澳大利亚、意大利、南非和德国处于第一梯队，巴西、墨西哥、韩国、中国、俄罗斯、土耳其、阿根廷处于第二梯队，印度、沙特阿拉伯、印度尼西亚处于第三梯队。第一梯队国家通常是经济相对发达的国家，其服务业发展成熟，增加值占比较高，这些国家拥有较高的人均收入水平和消费能力，对各类服务需求旺盛，从而推动了服务业的发展。第二梯队国家拥有较大的国内市场和消费人群，对服务业的需求有所增加，随着中产阶级的扩大和消费习惯的改变，服务业在国内经济中的比重逐渐提升。第三梯队国家的政策和制度环境可能对服务业的发展存在一定的制约，政府在促进服务业发展方面还需要进一步改善和推动相关的改革措施。

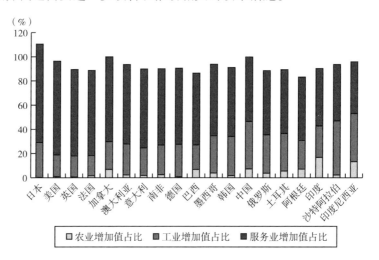

图 4.8　2021 年各国农业、工业、服务业增加值占比

资料来源：世界银行 WDI 数据库。

四、生产服务

生产服务是为其他行业和企业提供专业化、高质量的服务，以支持其生产和运营活动的一类服务。根据图 4.9 可知，从全球经济自由度指数来看，日本、韩国、美国、德国、加拿大、澳大利亚、英国处于第一梯队，在全球经济自由度指数中表现较好，具有较高的经济自由度和开放程度。这些国家通常实行开放的贸易政策，鼓励国际投资，提供较为自由的经济环境，促进企业的发展和创新。沙特阿拉伯、法国、印度、印度尼西亚、中国、墨西哥、南非处于第二梯队，在全球经济自由度指数中排名较中等，经济自由度和开放程度相对较高，但可能存在一些限制和挑战，这些国家可能在贸易政策、投资环境或金融市场开放等方面有一定的限制。意大利、土耳其、巴西、阿根廷、俄罗斯处于第三梯队，在全球经济自由度指数中排名较低，存在较多的贸易限制、投资管制和政府干预，可能对经济发展和企业自由度产生一定的影响。

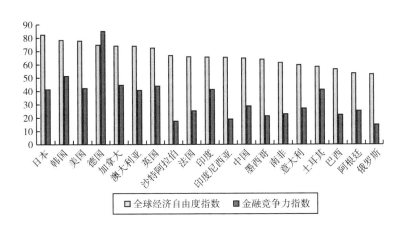

图 4.9　2021 年各国全球经济自由度指数、金融竞争力指数

资料来源：《华尔街日报》和美国传统基金会发布的《经济自由度指数》报告，中国社会科学院世界经济与政治研究所发布的《金融竞争力指数》。

从金融竞争力指数来看，德国、韩国、加拿大、英国、美国、日本、印度、土耳其、澳大利亚处于第一梯队，这些国家拥有发达的金融市场和完善的金融基础设施。它们的金融市场规模大、交易活跃、金融产品和服务多样化，能够满足各类投资者和企业的需求。中国、意大利、阿根廷、法国、南非、巴西、墨西哥处于第二梯队，这些国家的金融市场发展程度较第一梯队国家稍逊一筹，金融机构和监管体系可能需要进一步加强，以提高金融稳定性和保护投资者权益。印度尼西亚、沙特阿拉伯、俄罗斯处于第三梯队，这些国家的金融市场相对较不发达，金融机构和监管体系面临一些挑战，可能存在市场规模小、金融产品和服务种类有限等问题。

第三节　综合产出

综合产出是现代化产业体系的产出部分，表现为一国现代化产业体系运行的效率和结果。作为现代化产业体系的输出端，评价其发展程度需考虑现代化产业体系输出的综合性和创新性需求。课题组从经济增长和创新成果 2 个维度对 19 个国家现代化产业体系的综合产出进行评价测度。如图4.10 所示，英国、中国、美国、法国和土耳其处于第一梯队，在现代化产业体系的综合产出中取得较高得分，说明其现代化产业体系运行具有高效率和高产出特征。韩国、意大利、加拿大、德国、印度、阿根廷和日本处于第二梯队，在现代化产业体系的综合产出中得分居于中等水平，在经济增长和创新成果方面具有一定优势，但相对于第一梯队仍有差距。澳大利亚、俄罗斯、巴西、墨西哥、沙特阿拉伯、南非和印度尼西亚处于第三梯队，在现代化产业体系的综合产出中得分较低，其生产效率和成果产出方面面临较大挑战。

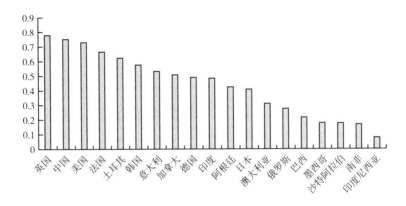

图 4.10　2021 年各国综合产出评价指标得分

资料来源：世界银行 WDI 数据库，世界知识产权组织。

一、经济增长

现代化产业体系运行的目标之一是促使经济持续增长，一个国家的经济发展水平直接体现了其现代化产业体系的发展程度。因此，经济增长成为衡量现代化产业体系发展水平的重要指标。如图 4.11 所示，在 GDP 增长率方面，土耳其、阿根廷、印度和中国处于第一梯队，GDP 增长率处于较高水平，其现代化产业体系建设带来的经济效应较为明显。英国、意大利、法国、美国、俄罗斯、加拿大、巴西、南非、墨西哥和韩国处于第二梯队，该梯队的国家数量最多，GDP 增长率保持着较高水平。沙特阿拉伯、印度尼西亚、德国、澳大利亚和日本处于第三梯队，GDP 增长率较低，原因多样，部分国家由于自身的经济基础较高，部分国家则受限于发展环境，但均表现出经济的新增长点缺乏，导致经济增长放缓。

二、创新成果

科技创新是驱动现代化产业体系的核心动能，创新成果反映了一国现代化产业体系的创新能力。创新是引领发展的第一动力，也是推动产业升级和转型的重要驱动力。如图 4.12 所示，在全球创新指数方面，美国、英

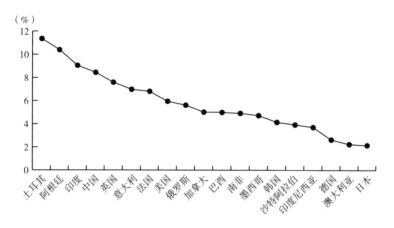

图 4.11　2021 年各国 GDP 增长率

资料来源：世界银行 WDI 数据库。

国、韩国、德国、中国、法国和日本处于第一梯队，在全球创新指数方面
表现出较高水平，创新能力突出，创新成果较为丰硕。加拿大、澳大利亚
和意大利处于第二梯队，水平居中。土耳其、印度、俄罗斯、沙特阿拉伯、
巴西、墨西哥、南非、阿根廷和印度尼西亚处于第三梯队，在全球创新指数
上较第一梯队有较大差距，在创新投入、科技产出和创新环境等方面仍有较
大提升空间。国家间全球创新指数存在差距的原因可能是各国在优势产业领
域、创新环境、知识产权保护力度、产业结构和发展阶段等方面存在不同。

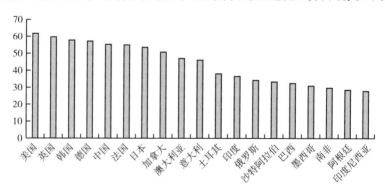

图 4.12　2021 年各国全球创新指数

资料来源：世界知识产权组织。

第四节　发展方向

现代化产业体系是代表生产、流通与技术等未来发展方向的新型产业体系。发展方向指引着现代化产业体系的未来发展路径，体现为一国产业体系中的战略布局和优先发展领域。现代化产业体系的发展方向应该与国家的经济发展战略、产业政策以及市场需求等因素相符合，注重创新驱动、协调发展，推动产业向智能化、绿色化、融合化方向发展。课题组从智能化、绿色化和融合化 3 个维度对 19 个国家现代化产业体系的发展方向进行评价测度。如图 4.13 所示，美国、德国和加拿大在发展方向得分方面处于第一梯队，在智能化、绿色化、融合化发展上表现突出，是现代化产业体系建设的重要引领者。澳大利亚、法国、中国、英国、日本、意大利、韩国、巴西、土耳其、墨西哥和阿根廷处于第二梯队，在发展方向上存在各自的优劣势。俄罗斯、沙特阿拉伯、印度尼西亚、印度和南非处于第三梯队，发展方向得分较低，或须通过产业结构优化、升级来改善产业发展方向。

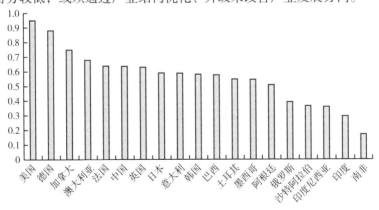

图 4.13　2021 年各国发展方向评价指标得分

资料来源：中国信息通信研究院，世界卫生组织，国际能源署，BP《世界能源统计年鉴 2022》，世界银行 WDI 数据库。

一、智能化

随着新科技革命浪潮的到来，为应对前沿技术领域发生的突破性变革，智能化成为现代化产业体系发展的必然要求，产业体系的智能化水平在一定程度上决定了未来国际竞争的成败。建设现代化产业体系必须持续拓展信息化和数字化的深度，积极抢占全球产业体系智能化的战略制高点，以智能化为核心，推动产业体系的持续升级和优化。如图4.14所示，在数字经济指数方面，美国、英国、德国、日本、法国、中国、韩国、加拿大和澳大利亚处于第一梯队；意大利、印度、俄罗斯、土耳其和沙特阿拉伯处于第二梯队，智能化发展水平居中；巴西、印度尼西亚、墨西哥、南非和阿根廷处于第三梯队，数字经济指数较低，后续发展须着重提高其数字技术的应用程度以及创新能力。

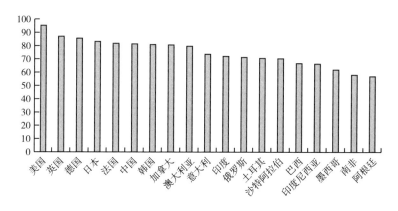

图 4.14　2021 年各国数字经济指数

资料来源：中国信息通信研究院。

二、绿色化

随着温室效应、环境污染等全球环境问题的日益加剧，全球各国普遍意识到环境保护的重要性，在此背景下绿色化发展在现代化产业体系中显得尤为重要。产业体系的绿色化，是实现人与自然和谐共生的必然要求，也是高质量发展的内在要求。建设现代化产业体系，必须以习近平生态文明思想为指导，强调产业发展的环境责任，努力实现产业发展的绿色化。

如图 4.15 所示，在 PM2.5 年度均值方面，澳大利亚、加拿大、阿根廷、美国、英国、日本、德国、俄罗斯、法国和巴西处于第一梯队，其 PM2.5 年度均值较低，产业体系发展的环境友好度高。韩国、意大利、墨西哥、土耳其和南非处于第二梯队，表现居中。印度尼西亚、中国、沙特阿拉伯和印度处于第三梯队，PM2.5 年度均值整体较高，反映出产业活动中污染排放量大，导致环境质量下降，环境友好程度低。

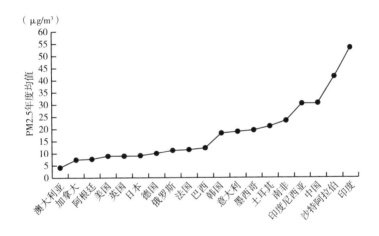

图 4.15　2021 年各国 PM2.5 年度均值

资料来源：世界卫生组织。

单位 GDP 的二氧化碳排放量和一次能源消费量存在较强相关性。如图 4.16 所示，G20 集团的 19 个国家在单位 GDP 二氧化碳排放量和一次能源消费量的排名上大致趋同。在单位 GDP 二氧化碳排放量方面，法国、英国、意大利、德国、美国、日本、澳大利亚、加拿大、巴西和墨西哥处于第一梯队，其单位 GDP 二氧化碳排放量较低，产业绿色化水平相对较高。韩国、阿根廷、土耳其和印度尼西亚处于第二梯队，产业绿色化水平居中。中国、沙特阿拉伯、俄罗斯、印度和南非处于第三梯队，单位 GDP 二氧化碳排放量较高，产业活动中的温室气体排放较多，反映出产业绿色化水平不足。单位 GDP 二氧化碳排放量低的国家，其单位 GDP 一次能源消费量也较低，产业活动对有限资源的依赖程度较低；单位 GDP 二氧化碳排放量高的国家，其单位 GDP 一次能源消费量也较高，产业发展的能源消耗量大。

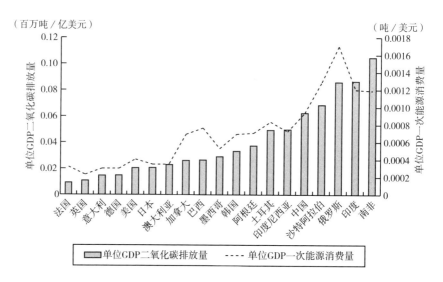

图 4.16 2021 年各国单位 GDP 二氧化碳排放量、一次能源消费量

资料来源：国际能源署，BP《世界能源统计年鉴 2022》。

三、融合化

现代化产业体系是一个各产业融合发展的有机整体。通过推动各产业融合发展，可以避免割裂对立，形成各产业有序链接、高效畅通的良好格局，发挥产业体系的整体效能。如图 4.17 所示，在三次产业耦合协调指数方面，美国、德国、中国、加拿大和土耳其处于第一梯队，表现出较高的三次产业耦合协调水平，三次产业之间相互支撑、相互促进的程度较高。墨西哥、巴西、阿根廷、俄罗斯、沙特阿拉伯、澳大利亚、印度、韩国和意大利处于第二梯队，融合化水平相对居中。法国、印度尼西亚、南非、日本和英国处于第三梯队，三次产业耦合协调指数低，可能存在产业结构失衡、资源分配不合理等问题。

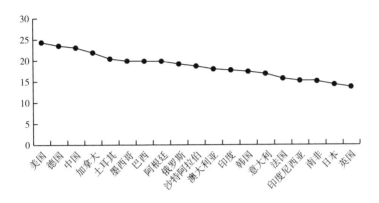

图 4.17 2021 年各国三次产业耦合协调指数

资料来源：世界银行 WDI 数据库。

第五节 发展要求

随着全球竞争的加剧，产业体系是否具备现代化发展要求已经成为决定产业体系竞争力的关键因素。现代化发展要求表现为一国现代化产业体系的安全性、先进性和完整性特征。课题组从上述 3 个维度的 6 个具体指标对 19 个国家现代化产业体系的发展要求进行评价测度。如图 4.18 所示，美国在发展要求得分方面处于第一梯队，优势极为明显。中国、德国、英国、法国、日本和加拿大处于第二梯队，得分上体现出一定优势，但与美国之间的差距明显。意大利、韩国、俄罗斯、墨西哥、澳大利亚、巴西、印度和土耳其处于第三梯队，表现相对居中，需要进一步加强产业体系的安全性、完整性和先进性发展。南非、阿根廷、印度尼西亚和沙特阿拉伯处于第四梯队，其发展要求得分最低，产业体系发展缺乏安全性、完整性和先进性。

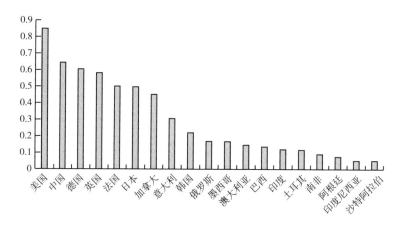

图 4.18　2021 年各国发展要求评价指标得分

资料来源：世界能源委员会，联合国贸发会议数据库。

一、安全性

随着能源问题的日益严重和国际竞争的日益激烈，建设现代化产业体系要强调其韧性，注重安全性。保障安全性即要求实现在重要产业链上的自主可控，降低对外的依赖性，不断提升产业链、供应链韧性和安全水平以应对各种风险挑战。如图 4.19 所示，G20 集团的 19 个国家在能源三难困境指数和对外贸易依存度方面排名有所差别。就能源三难困境指数而言，印度、南非、印度尼西亚、中国、土耳其、墨西哥、沙特阿拉伯、韩国、阿根廷、俄罗斯和巴西处于第一梯队，能源三难困境指数处于较低水平，其能源供应安全性较高。澳大利亚、日本、意大利、美国和德国处于第二梯队。加拿大、法国和英国处于第三梯队，能源三难困境指数较高，其现代化产业体系在能源方面面临较大的安全性挑战。对外贸易依存度方面，美国、中国、德国处于第一梯队；英国、南非、意大利、加拿大、韩国、法国、俄罗斯处于第二梯队；澳大利亚、土耳其、印度尼西亚、墨西哥、巴西、印度、日本、阿根廷、沙特阿拉伯处于第三梯队。

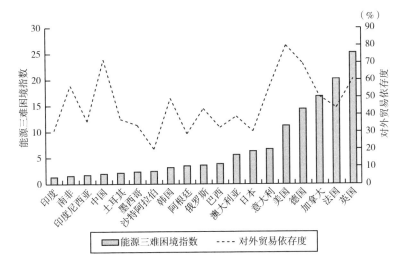

图4.19 2021年各国能源三难困境指数、对外贸易依存度

资料来源：世界能源委员会，联合国贸发会议数据库。

二、完整性

复杂、多元化的现代化产业体系包括不同类型、不同规模的产业和企业。产业体系发展的完整性，就是要保持并增强产业体系完备和配套能力强的优势。如图4.20所示，G20集团的19个国家在工业生产指数和制造业竞争力指数方面排名有所差别。就工业生产指数而言，美国、中国和日本处于第一梯队，工业生产指数处于较高水平；英国、德国、韩国、墨西哥、印度、意大利、加拿大、俄罗斯和土耳其处于第二梯队；澳大利亚、法国、巴西、阿根廷、印度尼西亚、南非和沙特阿拉伯处于第三梯队。制造业竞争力指数方面，美国、中国和德国处于第一梯队；日本、法国、加拿大、意大利、英国、沙特阿拉伯、墨西哥、韩国处于第二梯队；土耳其、澳大利亚、俄罗斯、南非、巴西、印度尼西亚、阿根廷、印度处于第三梯队。

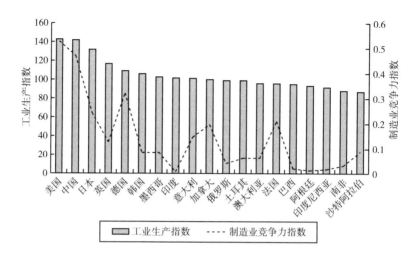

图 4.20　2021 年各国能源工业生产指数、制造业竞争力指数

资料来源：联合国贸发会议数据库，联合国工业发展组织发布的制造业竞争力指数。

三、先进性

现代化产业体系的发展需要进行不断的技术创新和模式创新，以适应市场需求和竞争环境的变化。先进性特征可以反映一个国家在技术创新、人才培养、知识产权保护等方面的表现。如图 4.21 所示，G20 集团的 19 个国家在全球价值链 GVC 指数和高技术产品双边贸易占 GDP 比重方面排名有所差别。就全球价值链 GVC 指数而言，美国、德国、中国、日本、法国、英国和加拿大处于第一梯队，全球价值链 GVC 指数处于较高的水平，占据了价值链中的优势位置；韩国、意大利、印度、俄罗斯和巴西处于第二梯队；澳大利亚、墨西哥、阿根廷、南非、沙特阿拉伯、土耳其和印度尼西亚处于第三梯队，在全球价值链中的地位较低。高技术产品双边贸易额占 GDP 比重方面，美国、中国、日本、德国处于第一梯队；法国、英国、墨西哥、加拿大、意大利、土耳其、巴西、韩国处于第二梯队；南非、俄罗斯、阿根廷、印度、印度尼西亚、澳大利亚、沙特阿拉伯处于第三梯队。

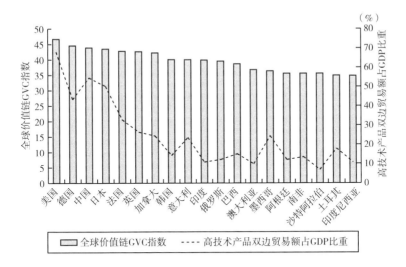

图 4.21　2021 年各国全球价值链 GVC 指数、高技术产品双边贸易额占 GDP 比重

资料来源：对外经济贸易大学全球价值链研究院发布的《全球价值链发展报告》，联合国商品贸易统计数据库。

第五章　国别分析

在 G20 国家中，按照国家现代化产业体系综合指数测算，可以划分为四个梯队，排名前五的国家为美国、中国、日本、韩国和德国。其中，位于第一梯队的国家为美国，且其现代化产业体系综合指数与其他梯队国家相比存在较大领先优势。每一梯队的国家在其现代化产业体系构建过程中都反映出一定的特性，它们在某一领域乃至某些领域所取得的成就以及能够取得这些成就的原因值得深入探究。我们将按照梯队划分，重点探讨各国在现代化产业体系构建过程中的竞争优势。

第一节　第一梯队

美国在现代化产业体系建设中表现突出，居于首位。从图 5.1 中可以发现，美国在要素投入、综合产出、发展方向、发展要求中表现优异，且上述各项指标均位居全球前列。

从具体得分看，美国要素投入得分 0.6861，排名第 1；生产过程得分 0.4143，排名第 3；综合产出得分 0.7294，排名第 3；发展方向得分 0.9505，排名第 1；发展要求得分 0.8488，排名第 1。综合来看，各项指标均位列 G20 国家前三位。美国产业发展在资本等要素投入、创新产出、发展智能化、产业融合化、产业链建设等方面均已取得显著成效。

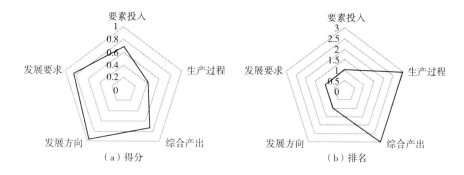

图5.1 美国现代化产业体系各指标得分和排名

1. 产业技术领先、产业发展高效

虽然美国过去的一系列去工业化政策导致其产业空心化问题逐步突出，但在 2008 年金融危机后，美国提出"再工业化"口号，力图通过发展先进制造业保持其优势地位。在先进制造业的主导下，美国产业发展方向不断优化。根据中国信息通信研究院发布的《全球数字经济白皮书（2023年）》，2022 年美国数字经济蝉联世界第一，规模达 17.2 万亿美元。根据美国商务部公布的数据，2019 年美国国内生产总值（GDP）增长 2.3%，但是当年美国一次能源消费总量非但没有增长，反而下降了 0.91%，能源消费弹性系数为负值，其背后所反映的是其产业竞争能力的不断增强。美国能源信息管理局的统计数据显示，美国的人均一次能源消耗数量从 2000 年的 343 百万英热单位下降到 2019 年的 294 百万英热单位，下降了 14.29%；单位国内生产总值一次能源消耗从 2000 年的 6.86 千英热单位下降到 2019 年的 4.67 千英热单位，下降了 31.92%。先进制造业在推动经济增长的同时，也伴随着能源利用效率的持续提升。

2. 持续创新驱动产业高质量发展

美国实体经济的发展为产业体系优化升级、综合产出提升起到了关键作用。良好的竞争环境倒逼企业提高产品质量和服务水平，并不断激发其创新活力。美国经济发展的成功离不开持续的创新和技术进步。美国商务部的统计数据显示，近年来，除了受 2020 年新冠疫情影响，其余年份美国 GDP 均保持稳定正增长，2021 年更是实现了疫情后的大幅反弹，达到了 5.7%。根据产权组织全球创新指数（GII），美国被列入 2023 年全球最具创新力的经济体。美国在科学研究、技术开发和商业化应用方面投入了大量资源，建立了完善的创新体系，并且通过不断推动科技进步和知识产权保护，美国实体经济得以不断涌现出新产品、新产业和新模式，为经济的综合产出提供了强大的动力。

3. 金融支持现代化产业体系发展

美国在其高度发达的资本市场体系的支撑下，依靠股票、债券市场、成熟的风险投资体系，形成了以政策性金融为核心的金融支持体系，成功走出了一条以金融支持现代化产业体系建设的成功之路，较好地适应了实体经济和重点产业发展的需要，保证了产业体系向现代化演进。大型投资机构向铁路、冶金、采矿、制造业、计算机信息产业等领域提供大量的金融资本，为美国现代化产业体系建设提供强大的融资支持。并且为满足不同发展阶段及不同类型的融资需求，以市场为导向的金融体系为美国产业体系建设发展提供了多元化、灵活化和高效化的金融产品及服务。世界证券交易所联合会（World Federation of Exchanges，WFE）统计数据显示，截至 2023 年 12 月，纽约证券交易所市值达 22.8 万亿美元，上市公司数量超过 2500 家；纳斯达克证券交易所上市公司超过 3600 家，市值 16.2 万亿美元。其中纽约证券交易所主要服务于传统成熟行业的企业，而新兴行业的企业则更适合纳斯达克。纳斯达克通过其全球精选市场、全球市场和小型资本市场的多层次结构，为现代产业的融资需求提供了更大的包容性。

第 二 节 第 二 梯 队

G20 国家现代化产业体系综合指数排名第二梯队的国家包括中国、日本、韩国、加拿大、德国、英国和法国七个国家。这些国家的现代化产业体系发展在大部分领域表现突出，在个别领域存在短板。

一、中国

中国的现代化产业体系指数在 G20 国家中仅次于美国，排名第二，但由于与美国仍存在一定差距，因此将其列入第二梯队。中国在综合产出、发展方向、发展要求中表现优异，上述各项指标均位居全球前列。相比之下，中国在要素投入、生产过程方面表现较弱，是目前较为突出的短板（见图5.2）。

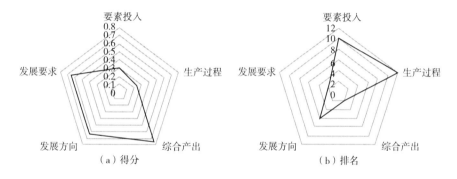

图 5.2　中国现代化产业体系各指标得分和排名

从具体得分看，中国要素投入得分 0.2883，排名第 10；生产过程得分 0.2426，排名第 12；综合产出得分 0.7512，排名第 2；发展方向得分 0.6381，排名第 6；发展要求得分 0.6444，排名第 2。综合来看，中国在综合产出和发展要求方面位列 G20 国家前列。但与第一梯队的美国相比，中国在生产过程和要素投入方面仍有较大提升空间。

中国产业发展在发展智能化、产业融合化、产业链建设等方面已取得显著成效，但在外商投资流入、R&D 研发投入、政府教育支出、金融竞争力等方面仍与第一梯队国家存在差距。

1. 智能化、绿色化、融合化发展，把握优势产业发展方向

近年来，中国优势产业进一步巩固延伸，高质量发展的方向更加明确。一大批优势产业正朝着智能化、绿色化、融合化的方向稳步迈进。

智能化为优势产业打造核心竞争力，是中国产业现代化的重要标志之一。在中国的优势产业中，智能制造已成为主流，竞争力持续提升。中国在 5G、数据中心等新型基础设施建设方面已居世界先进行列。中国加强提升产业体系的先进性，大力发展智能制造、绿色制造，不断扩大高质量产品和服务供给，提升产业核心竞争力。

绿色化巩固优势产业领先地位。为塑造产业发展新优势，中国将产业体系绿色化发展作为核心目标之一。在中国的优势产业中，新能源产业为绿色发展的典型代表。国家能源局数据显示，我国清洁能源产业已形成全球领先优势，光伏、风电关键零部件占到全球市场份额的 70%，高效光伏发电、大容量风电、"华龙一号"核电、新型储能等新技术研发应用加快推进，能源发展新模式新业态不断涌现[①]。2022 年，工业和信息化部公布了45 个国家先进制造业集群名单，涵盖新一代信息技术、高端装备、新材料、生物医药及高端医疗器械、消费品、新能源及智能网联汽车领域，主导产业总产值达 19 万亿元，覆盖制造强国建设重点领域，成为引领带动重点行业和领域创新发展的重要力量[②]。

融合化提升优势产业整体效能。产业体系的融合化，是提升中国产业体系整体效能的必然要求。例如，在与 5G、北斗导航等技术的加速融合下，我国农机装备产业发展正驶向"快车道"。动力换挡、免耕播种、高速播种等一批关键技术取得突破，一批具备自动驾驶及导航、作业状态实时监测和远程

[①] 资料来源：人民网. 完善供应体系，确保能源安全：为高质量发展提供坚强能源保障（权威部门话开局）［EB/OL］. http：//politics. people. com. cn/n1/2023/0413/c1001 - 32663005. html.

[②] 资料来源：中华人民共和国中央人民政府网. 工业和信息化部公布 45 个国家先进制造业集群名单［EB/OL］. https：//www. gov. cn/xinwen/2022 - 11/30/content_5729722. htm.

运维能力的智能农机装备成功研制并实现应用。中国数字经济与实体经济深度融合创新，正在推动生产方式、发展模式和企业形态发生根本性变革。

2. 创新推动产业链优化升级

中国科学技术发展战略研究院发布的《国家创新指数报告 2022~2023》显示，2023 年，中国国家创新指数综合排名世界第 10 位，较上期提升 3 位，是唯一进入前 10 位的发展中国家。国家创新能力取得了显著进步，从 2000 年的第 38 位快速提升至 2011 年的第 20 位，随后稳步上升至第 10 位。

出口结构方面，高端制造业已经成为中国出口的主力，并且正在拉开与其他国家竞争者的差距。国家统计局数据显示，2023 年高端制造业出口值达到 10.65 万亿元，与上一年基本持平，占全年出口交货值的 72.84%。自 2020 年以来，高端制造业出海贡献度连续 4 年保持在 70% 以上，且 2023 年该比值创历史新高。其中，电子信息、电气设备、通用设备等产业为出海主力军，且通信设备、计算机及其他电子设备制造业出口交货值占高端制造业比例超 58%；电气机械及器材制造业 2023 年出口交货值占比 15.99%，创 2012 年以来最高水平。根据海关总署数据，2023 年 "新三样"（新能源汽车、锂电池、光伏）持续畅销海外，产品合计出口 1.06 万亿元，首次突破万亿元大关，同比增长 29.9%，充分彰显了中国经济的强大韧性。

经济结构的改变以及技术创新能够促使全要素生产率得以大幅度提升，从而在低通胀、高增长之间取得最佳平衡。中国当前的引领型全产业链创新正在践行这一经济发展路径。

3. 发展新动能形成，引领综合产出提升

自 2016 年以来，国家统计局在《新产业新业态新商业模式统计监测制度》和经济发展新动能统计指标体系的基础上，每年测算我国的经济发展新动能指数。根据测算结果，2022 年我国经济发展新动能指数（以 2014 年为 100）为 766.8，比上年增长 28.4%。2022 年，各项分类指数与上年相比均有提升，其中，网络经济指数增长最快，2022 年，网络经济指数为 2739.0，比上年增长 39.6%，对总指数增长的贡献率为 91.6%，其对总指数增长的贡献最大。表明我国经济发展新动能继续壮大，新产业、新业态、新商业模式快速成长，经济活力进一步增强，有力推动经济迈向高质量发展。同时，"互联网＋"深入推进、网络基础设施支撑能力持续提升，数字经济优势凸显，网络消费旺盛，消费升级步伐加快，推动新动能进一步发展壮大。

在中国全产业链升级过程中，核心技术研发、高端产业链培育与国内城市群升级、"一带一路"建设相互推动、相互促进，产业竞争力在这一相互促进的正循环中不断提升，形成了中国发展的新模式。巨大的国内需求和共建"一带一路"的新机遇给国内引领型全产业链创新提供了资本、科技、人力要素投入的机会并形成正反馈，推动中国与区域国家实现经济协同发展的新模式。

二、日本

日本的现代化产业体系指数在 G20 国家中位列第三，与中国同属第二梯队。日本在生产过程、综合产出、发展方向、发展要求中表现优异，上述各项指标均位居全球前列，其中生产过程得分高居全球第一（见图 5.3），这可能与日本的科技研发投入和国民教育投入密切相关。值得一提的是，日本突破经济低迷周期的一个重要因素是依靠制造业复兴。

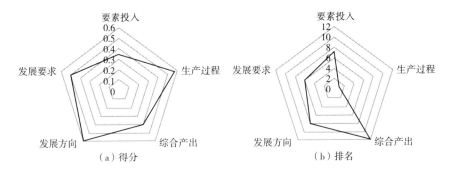

图 5.3 日本现代化产业体系各指标得分和排名

　　从具体得分看，日本要素投入得分 0.3477，排名第 7；生产过程得分 0.5652，排名第 1；综合产出得分 0.4087，排名第 12；发展方向得分 0.5923，排名第 8；发展要求得分 0.4981，排名第 6。综合来看，日本生产过程指标在 G20 国家中领先优势明显，但其他四项指标均与第一梯队国家仍有较大差距。

　　日本产业发展在科技研发、政府教育支出、三级产业增加值等方面处于全球领先地位，但要素投入、创新产出、产业融合化、产业链建设等方面有较大提升空间。

1. 产业全球化发展要求凸显，积极融入国际产业链

　　日本企业积极拥抱全球市场，不断取得技术革新，赢得更广阔的全球市场。主动融入全球市场是日本产业振兴的关键，这也是其产业发展的显著特征，特别是其制造业产业。经济合作与发展组织（Organisation for Economic Co-operation and Development，OECD）统计数据显示，2021 年，日本的进口额为 7695.6 亿美元，占 GDP 比重为 15.6%；出口额为 7559.4 亿美元，占 GDP 比重为 15.31%；2021 年，日本的进出口总额达 15255 亿美元。

　　作为亚洲最早实现工业化的经济体，日本的 GDP 规模曾位居全球第二。凭借工业化的先发优势，日本在机械和运输设备制造业核心领域积累了较大技术优势和制造能力优势。据日本贸易振兴机构（JETRO）统计，机械和运输设备出口占日本商品出口贸易额的比重最高达 70%，在全球机械和运输设备商品出口贸易额中的占比也曾超过了 15%。同时，日本凭借在制造业和信息产业的先发优势，在高技术附加值的电子电气商品制造领域也具有较强的竞争优势，其商品出口贸易额全球占比一度超过了 15%。

2. 向内寻求能力突破，引领生产过程提质增效

　　世界知识产权组织发布《世界知识产权指标 2023》显示，日本是 2022

年全球专利申请数量最多的国家之一，专利申请数量约 40.5 万件。除了专利技术数量上的相对优势，日本企业也注重精益生产和精密制造的质量管理。同时，日本教育支出比重较高，通过国民教育向内寻求能力突破。OECD 统计数据显示，2020 年日本的教育预算为 30.5 万亿日元，占当年 GDP 的 4.8%。相比之下，2019 年美国的教育预算 GDP 占比为 3.0% 左右，而同年中国的教育投入 GDP 占比为 3.9% 左右。

3. 瞄准细分市场，探索产业融合发展新方向

日本大量中小型制造业企业瞄准细分市场，在市场细分的背景下不断寻找生存空间。日本因实施《机振法》等产业政策培育了一批"专精特新"企业，这些企业凭借差异化战略，在细分市场拥有极高的市场占有率，成为全球产业链中不可或缺的一环，使日本工业至今能保持某些核心竞争力。

日本着力增强产业发展的融合性，提出了"六次产业化"的理念，有力推动了三次产业融合发展。"六次产业"的基础是农业，核心是充分开发农业的多种功能与多重价值。通过实施农业"六次产业化"，日本在产业链延伸与产业范围拓展基础上进一步融合，以第一产业的农业为基础，综合发展农产品加工的第二产业和农产品直销、饮食业、休闲农业等的第三产业，形成集生产、加工、销售、服务于一体的链条，通过规模经济和范围经济提升农业产业的综合价值。"六次产业化"强调的是基于农业后向延伸，内生成长出立足于农业资源利用的第二、第三产业，让农林牧渔生产者能够分享农产品加工、流通和消费环节的收益，充分挖掘农业与农村资源的价值，达到振兴乡村的目标。

三、韩国

韩国的现代化产业体系指数在 G20 国家中位列第四，处于第二梯队。韩国在生产过程、综合产出、发展方向、发展要求中表现优异，上述各项指标均位居全球前列，其中要素投入和生产过程得分高居全球第二，相比之下发展方向和发展要求指标较薄弱，是目前的短板所在（见图5.4）。

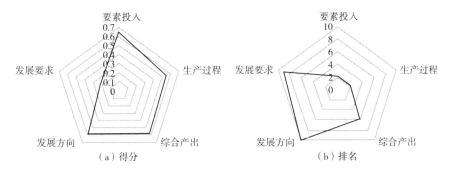

图5.4　韩国现代化产业体系各指标得分和排名

从具体得分看，韩国要素投入得分0.6405，排名第2；生产过程得分0.5452，排名第2；综合产出得分0.5757，排名第7；发展方向得分0.5829，排名第9；发展要求得分0.2207，排名第9。综合来看，韩国要素投入、生产过程指标在G20国家中领先优势明显，但其他四项指标均与第1名有较大差距。

韩国产业发展在科技研发、创新产出、资本等要素投入、三级产业增加值等方面处于全球领先地位，但政府教育支出、产业链建设等方面有较大提升空间。

1. 经济实力稳步增长，努力实现产业全面升级

韩国是一个较为发达的资本主义国家，作为亚洲"四小龙"之一的韩国通过30多年的发展快速实现了工业化，已成为一个世界经济大国。韩国作为一个发达国家，2023年GDP总量世界排名高居第14位，包括手机、电视、半导体、钢铁、造船、石化、工程机械、海工装备等产业在全球范围都具有强大竞争力①。

① 快易数据. 2023 年世界各国 GDP 数据 ［EB/OL］. https：//www. kylc. com/stats/global/year-ly/g_gdp/2023. html.

在工业和经济发展方面，韩国 2023 年 GDP 总量超过 1.7 万亿美元，GDP 增长率为 1.4%，在全球各国中增速排名第 8。韩国人均 GDP 在 2023 年达到 3.31 万美元，已经从 2010 年占日本人均 GDP 的 49% 提高到 2023 年的 97.9%，人均 GDP 逼近日本。2016 年，韩国工业增加值为 4937 亿美元，已经超过英国和加拿大，排名世界第六，其制造业增加值排名世界第五。2023 年，韩国的工业增加值为 5411.43 亿美元，比 2022 年增长了 100.71 亿美元。其中，其 2023 年的制造业增加值为 4163.89 亿美元，比 2022 年减少了 126.69 亿美元。总体来看，韩国工业增加值近十年一直呈现出不断上升的趋势，从 2012 年的 4363.87 亿美元增加至 2023 年的 5411.43 亿美元，涨幅超 24%，这说明韩国经济持续稳步增长，为现代化产业体系提供了雄厚的资本实力①。

2. 创新促进产业优化发展

1990～2017 年，韩国的 R&D 经费投入强度一直处于 2.00% 以上，说明韩国在 1990 年前就已经完成了技术创新阶段的转变；韩国三类 R&D 经费同样高速增长，基础研究经费年均增长 7.3%，应用研究年均增长 8.6%，试验发展年均增长 6.6%。韩国基础研究经费为 121.50 亿美元，占 16.0%。韩国作为当前 R&D 经费投入强度世界第一的国家，其投入强度在 1994 年突破 2.00%，2007 年突破 3.00%，2012 年突破了 4.00%。2017 年韩国人均 R&D 经费投入额达 14.8 万美元（胡林元等，2020）。

韩国优势最大的显示面板产业，从进口额来看，是中国进口的第三大工业品。世界第一的三星显示 2016 年的盈利达 10174 亿元人民币②，相比之下中国最大的企业京东方同期营业额只有 689 亿元人民币③。并且，三星几

---

① 华经情报网. 2023 年大韩民国 GDP、人均 GDP、产业增加值及人均国民总收支统计［DB/OL］. https：//www.huaon.com/channel/globaldata/1019996.html.

② 三星电子发布第四季度财报和 2016 财年业绩［N/OL］.［2017 - 01 - 25］.中国日报网，https：//caijing.chinadaily.com.cn/finance/2017 - 01/25/content_28053147.htm.

③ 京东方发展战略转型升级效果显现 2016 年营收 689 亿，净利润同比上涨 15.05%［EB/OL］.［2017 - 04 - 28］.每经网，https：//www.nbd.com.cn/articles/2017 - 04 - 28/1099438.html.

乎全部霸占了手机面板的出货，LG 显示也霸占了大中尺寸面板的出货。三星作为韩国的五大财团之一，在全球电子产品排名中仅次于苹果，占据巨大的市场份额。韩国不断地加大科研投入，创新推动产业链升级优化，促进产业优化发展。

3. 注重向内能力发展，国民教育水平有待提高

2019 年，韩国知识产权局授权专利总计 125795 项，比上一年增长了 6%。2021 年，韩国在专利申请方面超过德国，排名第 4。韩国政府 2020 年推出一项新政策规划，集中投资 5G 通信和人工智能。来自韩国的专利申请达到 20060 件。[①]

据韩联社，韩国特许厅（专利厅）公布数据，2022 年韩国境内依据《专利合作条约》申请的国际专利同比增加 6.8%，共计 21916 件。其中，中小企业的国际专利申请量增加 13.2%。

韩国 2019 年政府支出总额为 470.5 万亿韩元（约 4038.63 亿美元），其中政府教育支出为 70.9 万亿韩元（约 608.58 亿美元），占比 15.07%[②]。韩国 2019 年教育支出有较大比重增加，但近几年总体占比较低，政府应通过不断提高国民教育水平向内寻求能力突破。韩国人口生育率自 2016 年以来连续下降，2023 年生育率为 0.72，创下历史新低，再加上严重的人口老龄化，致使韩国的人口总数增长缓慢[③]。因此，不断提升教育支出，获取人才和劳动力将成为韩国需要努力发展的重要方向。

四、德国

德国的现代化产业体系综合指数为 0.4287，在 G20 国家中排名第 5。从

---

① 科学网. 2019 年韩国专利报告概述——授权专利 12 万项，增长 6% ［EB/OL］. https：//blog. sciencenet. cn/blog - 681765 - 1261610. html.

② 人民网. 韩国 2019 年预算达 471 万亿韩元 同比增长 9.7% ［EB/OL］. http：//korea. people. com. cn/n1/2018/0829/c407882 - 30258905. html.

③ 人民网. 韩国人口危机加剧，新生儿人数与生育率创新低 ［EB/OL］. http：//korea. people. com. cn/n1/2024/0306/c407864 - 40190130. html.

图 5.5 中可以看出，德国在发展方向、发展要求方面表现优异，但在要素投入、生产过程、综合产出方面表现略差，尤其是综合产出（排名第 9），这一短板拉低了德国的综合得分，说明德国的现代化产业体系发展不均衡。

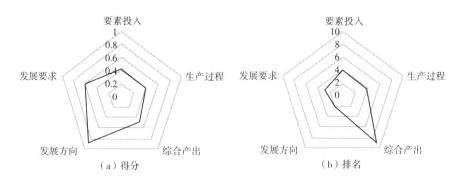

图 5.5   德国现代化产业体系各指标得分和排名

从具体得分看，德国发展方向得分 0.8806，排名第 2；发展要求得分 0.6049，排名第 3；要素投入得分 0.4110，排名第 4；生产过程得分 0.4077，排名第 4；综合产出得分 0.4902，排名第 9。除综合产出指标外，其他各项指标均位居全球前列，说明德国现代化产业水平较高，但仍存在短板，有进一步提升的空间。

1. 坚持"工业立国""产业强国"，将企业竞争力视作未来立足之本

自 20 世纪 70 ~ 80 年代以来，随着美欧国家原材料、劳动力价格的攀升，以及发展中国家大力承接发达国家的产业转移，工业占国民经济的比重、就业比重等明显降低，大多数西方国家随着产业结构调整以及跨国公司对外投资和扩张的加快，出现不同程度的产业空心化以及经济金融化现象。德国重视工业发展的传统从德意志帝国时期传承至今，长期以来始终坚持"工业立国""产业强国"的发展定位，将企业竞争力视作未来立足之本。

2019 年，德国政府发布《国家工业战略 2030》规划，提出至 2030 年工业在本国增加值总额中所占的比重增至 25% 的目标。德国经济部长阿尔特迈尔指出，政府必须在竞争力和创新等方面大力支持本国企业，以应对日趋激烈的国际经济竞争。德国历史学派经济学家李斯特所倡导的国家主义学说，强调"创造财富的生产能力比财富本身更为重要"，提出国家应大力扶植工业企业竞争力，在贸易政策上加强对本国起步阶段幼稚产业的保护，成为德国等资本主义国家崛起的重要思想。虽然日后德国随着其产业竞争力增强，一定程度上摒弃了李斯特学说中保护主义和极端民族主义的成分，但李斯特对于产业竞争力和产业扶持的重视成为德国经济政策的基因。

依托强劲的实体经济，德国工业在经济全球化与逆全球化、新冠疫情以及俄乌冲突等考验面前的强劲表现得到了广泛认可和推崇，不仅是欧元区国家走出国际金融危机的中坚力量，而且成为美、英等国实施"再工业化"战略的"灵感来源"。

2. 推进实施"工业4.0"，着力推进数字化进程和智能制造

按照当前世界的共识，工业1.0是蒸汽机时代，工业2.0是电气化时代，工业3.0是信息化时代，而工业4.0其实就是"互联网＋制造"，也就是所谓的智能化时代。"工业4.0"概念最早由德国提出，美国称之为"工业互联网"，到中国则是"中国制造2025"。随着新一轮技术浪潮的到来以及国际科技竞争的加剧，作为西方工业化强国，德国敏锐地感觉到新机遇、新挑战，为此及时制定并推进促进产业发展创新战略——"工业4.0"。"工业4.0"被认为是德国旨在支持工业领域新一代革命性技术的研发与创新，落实德国政府2011年公布的《德国高技术战略2020》目标，打造基于信息物理系统的制造智能化新模式，巩固全球制造业龙头地位和抢占第四次工业革命国际竞争先机的战略导向，以提升德国工业的竞争力[①]。

数字化是实现"工业4.0"的基础条件。只有数字化进程得到推进，未来生产网络才能得以建立。继《数字化行动议程（2014~2017年)》和

---

① 中国企业报. 德国"工业4.0"战略全解析 [EB/OL]. [2019-08-20]. http://www.chinapower.com.cn/informationjzqb/20190820/1284163.html.

"数字战略 2025"之后，德国政府在 2017 年又发布了"数字平台"白皮书，制定"数字化的秩序政策"。德国"工业 4.0"强调利用信息技术和制造技术的融合，来改变当前的工业生产与服务模式，既能使生产和交付更加灵活，又有助于提高能源利用效率、优化人才结构。德国企业通过建立健全知识和技术转化机制，加速创新成果的商业化。通过广泛应用嵌入式软件，使产品具有记忆、感知、计算等功能。通过产品的智能化，大幅度提升产品附加值。通过互联网掌握已售产品在客户端的运行状态，帮助客户更好地运用产品，为客户创造新的价值，并进行预防性维护。同时，还可以通过这个系统采集产品运行过程的大数据，辅助产品进行进一步升级换代、新产品开发，以及其他市场经营行为的决策。

智能制造是"工业 4.0"的核心。通过嵌入式的处理器、存储器、传感器和通信模块，把设备、产品、原材料、软件联系在一起，使得产品和不同的生产设备能够互联互通并交换命令。未来工厂能够自行优化并控制生产过程。"工业 4.0"的本质是以万物互联为基础，通过互联网和物联网等相关的技术来改变既往的大规模生产模式，增强柔性化生产，同时将传统工厂关注制造环节向前端的设计环节以及后端的服务环节延伸。更进一步，除了产品和机器的互联外，"工业 4.0"还将在未来实现工厂、消费者、产品、信息数据的互联，最终实现万物互联，从而重构整个社会的生产方式。

3. 重视长远发展以及在某一领域扎根做深，将技术创新作为企业竞争力的基石

德国本身的制造业有着数百年的传承，奔驰、巴斯夫、博世、西门子等全球知名的大型工业企业的创立和发展可追溯至德意志帝国时代，即使经历两次世界大战的破坏仍传承壮大至今。一般认为，德国产业竞争优势不在于低成本要素投入，而是在有限的产业（如机械、化工）进行持续的产品开发和创新，追求产品品质的精益求精（黄阳华，2015）。对复杂工业流程管理的专业化程度不断提高，奠定了德国装备制造业的全球领先优势，因此德国的产业创新模式被精炼为"提升产品质量的渐进性创新"（Soskice，1997）。凭借该模式，德国在若干产业内积累起雄厚的创新能力，长期保持竞争优势。

制造技术和信息与通信技术（ICT）的优势构成了实施"工业4.0"计划的产业基础。德国实施"工业4.0"计划的目的，就是通过制造技术和ICT的融合，维持和提升德国既有的产业竞争优势，克服"高工资就业"对德国竞争力的不利影响，确保德国在新工业革命中占据一席之地。德国在某些细分领域拥有超强竞争力的"隐形冠军"企业，如SHW股份公司、阿亨巴赫公司、莱尼公司等。西门子前董事爱德华·克鲁巴西克指出，德国在21世纪获得成功的技术基础，可以一直追溯至中世纪。

4. 原材料和技术工人的短缺威胁企业和经济的正常运转，综合产出表现不佳

根据2022年德国经济信息研究所注册协会（IFO）发布的经济研究报告，缺人、缺气、缺材料已经威胁到企业和经济的正常运转，德国经济正在步入衰退（高雅，2022）。德国IFO研究所的报告显示，德国技术工人的短缺在2022年7月升至新高，影响了49.7%的德国企业，远高于4月创下的43.6%的纪录。由于缺乏足够的员工，越来越多的德国企业不得不开始削减业务，从中期和长期来看，技术劳动力短缺的问题可能会变得更加严重。由于德国对俄罗斯天然气高度依赖，疫情冲击与俄乌冲突导致从俄罗斯输送给德国"北溪1号"天然气管道的输气量供应减少，德国天然气与电力价格高涨。材料短缺也给德国制造业的核心产业带来严峻挑战，原材料和中间产品的采购不足，73.3%的受访公司表示存在生产瓶颈。德意志银行2022年7月的预测称，由于天然气供应的减少、美国经济下行和其他不利因素，德国经济正逐步陷入衰退，其GDP将在2023年萎缩1%。

国际货币基金组织（IMF）也在2022年7月底大幅下调了对德国经济增长的预测，认为2022年和2023年的增速将分别为1.2%和0.8%，而

2021 年则为 2.9%。IMF 警告说，由于德国要适应一个更加分散的、供应链被堵塞的、能源昂贵的世界经济，德国经济可能将面临高成本和效率损失。

五、加拿大

加拿大的现代化产业体系指数在 G20 国家中位列第六，处于第二梯队。加拿大在要素投入、发展方向、发展要求中表现优异，上述各项指标均位居全球前列。其中，要素投入和发展方向得分高居全球第三，相比之下生产过程和综合产出指标较薄弱，是目前的短板所在（见图 5.6）。

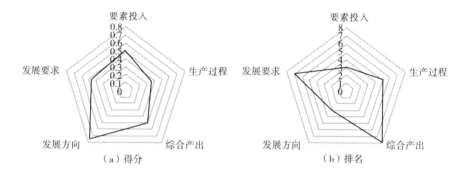

（a）得分　　　　　　　　（b）排名

图 5.6　加拿大现代化产业体系各指标得分和排名

从具体得分看，加拿大要素投入得分 0.508，排名第 3；生产过程得分 0.3691，排名第 5；综合产出得分 0.5077，排名第 8；发展方向得分 0.7492，排名第 3；发展要求得分 0.4517，排名第 7，综合来看，加拿大在要素投入和发展方向指标上在 G20 国家中领先优势明显，但其他指标均与第 1 名有较大差距。

加拿大产业发展在资本等要素投入、产业链建设、产业增加值等方面处于全球领先地位，但科技研发、创新产出等方面有较大提升空间。

1. 投资规模不断增长，鼓励新兴产业发展壮大

2019 年 3 月发布的全球金融中心指数（GFCI）排名，加拿大在前 20 名中占据 3 席。根据加拿大统计年鉴（Statistics Canada）统计数据，2019 年

加拿大的风险投资规模达到 46 亿加元（约合 34.6 亿美元），达到历史最高水平，投资的重点多为成熟企业，支持市场扩张的融资。加拿大的创新将主要集中在 ICT、基础科学技术和金融科技方向。

从 2017 年发布的《加拿大创新与技能计划》以来，创投环境正在被重新定义。该项计划以加拿大的创新优势为基础，从多个方面尝试解决了创新连续性方面的问题，从人才和技能、基础和应用研究、建立创新生态系统，到创业和商业化落地，进而通过扩大和出口具有全球竞争力的公司和技术。

《加拿大创新与技能计划》还在与多个行业巨头和大学院校建立伙伴关系，以开发新的创新生态系统，从而弥合科学研究、商业化、投资和规模化之间的差距。为了实现这一目标，创新超级集群行动向五个行业主导的超级集群投资高达 9.5 亿美元，以加速大型商业主导的创新集群的增长和发展。

超级集群鼓励行业驱动的研发活动，汇集前沿研究和高技能人才，将大型公司与创新型中小企业联系起来，以帮助它们扩大规模，吸引投资并为先进行业创建具有全球竞争优势的枢纽。

2. 依靠人才技术力量，实现产业转型升级

在全球前 100 名的研究型大学中，加拿大有 4 所，且有 3 所排名在前 50 名内。以多伦多大学、滑铁卢大学和麦琪尔大学为代表的科研院校，由于加拿大的大学教育世界一流，造就了一个受过良好教育的劳动力市场，25～64 岁拥有大专以上学历的人占 56.7%，是 2017～2018 年所有 OECD 国家中比例最高的。另外，加拿大是一个开放和接受度都较高的多元文化社会，并长期将多样性视为一种优势，在企业和组织环境中持续发掘。

受学术环境影响，加拿大不仅具备强大的基础学科研究实力，而且在 IT 的重点战略领域中处于领先地位。其中 AI、量子计算、自动驾驶、物联网和先进机器人，都属于加拿大的优势领域，且有大量创业公司和交叉学科研究项目；全球唯一一家商用量子计算机公司 D-Wave 就位于温哥华，全球企业信息软件巨头 OpenText 成立于滑铁卢，还有著名人工智能独角兽 Element AI 在蒙特利尔。

曾经一度衰落的 Blackberry 也完成了转型，QNX 汽车操作系统已经成为世界主要汽车厂商的操作系统，已装备了全球超过 1.2 亿辆汽车，包括奥迪、宝马（BMW）、路虎（Land Rover）和丰田（Toyota）在内的车企都已将软件应用在仪表盘、信息娱乐和音响设备上[①]。另外，企业物联网平台也成为了 Blackberry 转型后的一项重要业务。

加拿大拥有多个成功的创新合作伙伴机构，包括魁北克航空航天研究与创新联合会、新斯科舍省的早期风险投资组织（Innovacorp）、加拿大西部的油砂创新联盟、卑诗省的药物研究与开发中心，以及多伦多的马氏（MaRS）创新园区和滑铁卢的通信科技（Communitech）。2017 年世界经济论坛上，加拿大多伦多、温哥华、蒙特利尔三地成功进入全球 20 个高科技城市中。多伦多、滑铁卢走廊素有"北部硅谷"之称，位于多伦多北部的安大略省万锦市被誉为北美最重要的高科技之都，有超过 1500 家高科技公司总部或加拿大总部均位于此，包括华为、联想、高通、苹果、超威半导体公司（AMD）等。

3. 产业发展不平衡，延伸产业链共赢发展

加拿大幅员辽阔，但是耕地面积只有 4600 万公顷左右，不足国土面积的 5%，因处于高纬度，较大部分地区处于北极圈里面，气候寒冷。此外，还有永久性的放牧地约 2800 万公顷。加拿大西、北、东三面分别靠着太平洋、北冰洋和大西洋，海岸线长达 24.38 万千米，加拿大的淡水和水利资源都十分丰富，马更些河全长 4241 千米，是北美洲第二长河。加拿大的林业资源也居世界前列，森林面积约 440 万平方千米，覆盖率达到 40% 以上。[②]

---

① BlackBerry 的转型与野心：QNX 与汽车［EB/OL］. 电子工程专辑，https：//www.eet-china.com/news/201912201447.html.

② Environment and natural resources［EB/OL］. 加拿大政府网，https：//www.canada.ca/en/services/environment.html.

农业劳动生产率居于世界前列，加拿大是农业高度发达的国家，也是世界第七大粮食生产国。在农业生产总值中，种植业产值约占 62%，畜牧业占 38%。2013 年加拿大的粮食产量为 5224 万吨，若按人口平均，其粮食产量名列世界第二，2014 年加拿大农业劳动力只有 39.2 万人，占全国劳动力总数的 2.7%，但近十年至 2019 年，加拿大农业增加值占 GDP 的百分比波动下降，由 2017 年的 1.9% 降至 2019 年的 1.7%，随之而来的是工业增加值的不断增长，由 2009 年的 3940.3 亿元增长至 2019 年的 5570.5 亿元，位居全球第 13 位（周曙东和卢祥，2018）。表明加拿大农业比重依旧较大，使得在发展方向中的得分靠后，加拿大通过延伸农业产业链，不断增加三产比重，大力投资创新，面向世界，实现产业升级转型。

六、英国

英国的现代化产业体系综合指数为 0.4028，在 G20 国家中排名第 7。从图 5.7 中可以看出，英国在综合产出方面表现最好，排名第 1，要素投入、生产过程、发展方向、发展要求等维度发展较为均衡，各项指标均位列 G20 国家前 7 位。

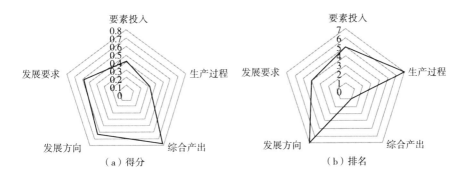

图 5.7　英国现代化产业体系各指标得分和排名

从具体得分看，英国综合产出得分 0.7787，排名第 1；要素投入得分 0.4038，排名第 5；生产过程得分 0.3114，排名第 7；发展方向得分

0.6315，排名第 7；发展要求得分 0.5822，排名第 4。

1. 工业基础良好，综合产出效率高

英国是工业革命的发源地，工业在英国的现代化发展进程中发挥了重要作用。目前英国是世界上第六大经济体，欧洲第二大经济体，仅次于德国。私有企业是英国经济的主体，占英国国内生产总值的 90% 以上。分产业看，服务业占英国国内生产总值的 3/4，制造业只占 1/10 左右①。

作为最早的"世界工厂"，英国工业品曾横扫世界市场，工业制成品出口的高增长促使英国制造业逐步具备规模优势，压缩乃至消除了海外市场当地竞争者成长的空间，并为英国辅之以武力征服等手段将其他国家纳入自己的国际分工体系奠定了经济基础。英国以本国为核心重塑了整个国际分工体系，形成了工业化与对外贸易、航运、投资相互促进的良性循环。世界知识产权组织、美国康奈尔大学和欧洲工商管理学院发布的 2022 年全球创新指数显示，2012 年以来英国的创新指数排名一直位居世界前五名，处于世界创新型国家第一梯队，且创新指数排名攀升较快。

2. 聚力数智基建与清洁能源技术创新，金融科技赋能企业双创

英国《产业振兴战略》提出，政府基础设施投资将从 2016/2017 年度的 140 亿英镑上升到 2020/2021 年度的 220 亿英镑，其中 7.4 亿英镑支持建立高速宽带网络和未来 5G 移动通信技术研发，4.5 亿英镑支持铁路数字化现代化，19 亿英镑支持实施国家网络安全战略，包括支持建设国家重大网络安全基础设施。另外，为了实现减排目标和能源成本最小化，英国政府除了采取措施降低能源价格以外，还不断加大对能源技术创新的支持，已投入 8.7 亿英镑支持低排放车辆技术研发（袁永等，2021）。

科技创新是现代化产业体系的核心竞争力，金融是构建现代化产业体系

---

① 中华人民共和国商务部欧洲司．英国经济及产业情况［N/OL］．2023 - 07 - 27. http：// ozs. mofcom. gov. cn/ozgjgk/art/2019/art_0f4854aee14147a6b614c340d3a5f383. html.

的血液。英国是世界领先的金融中心，金融为英国企业创业和发展提供重要支撑。金融危机以来，英国政府大力支持金融科技发展。英国政府和监管机构为金融科技创新提供了有利的政策环境，英国金融市场行为监管局（FCA）率先推出"监管沙盒"，并被全球借鉴。英格兰银行和 FCA 的"新银行启动部门"为寻求银行牌照的科技公司提供支持和建议，加速银行、资产管理公司和保险公司的数字化转型。以大数据、人工智能和量子计算等为代表的新技术不断交叉应用，以数据为主导的金融服务解决方案逐渐凸显，为金融科技创新带来更多发展机遇。得益于当前金融发展优势，英国正成为金融科技产业孵化的沃土和推动全球金融科技发展的重要力量。2020 年，英国金融科技产业投资达 41 亿美元，超过其后 5 个欧洲国家的总和①。

英国充分发挥金融科技优势，建立完善对科技企业和科技成果转化的资金供给服务体系。设立创业投资基金引导社会资金投入科技型企业，推出企业融资担保计划，为较难获得普通商业贷款的中小企业提供融资支持。拓宽商业天使联合投资基金、企业资本基金等，为小企业提供长期支持。实施种子企业投资计划，加大对初创企业的投资。设立国有政策性银行——英国商业银行，提供 1.25 亿英镑扩大"创业投资催化基金"，为高增长企业增加后期创业投资资金。《产业振兴战略》关注初创企业成长问题，为初创企业融资提供多元化渠道，提出建立长期资本投资审查制度，帮助发展中的创新型公司寻求扩大规模的长期资金。

3. 脱欧后吸引金融投资者，金融服务 FDI 新项目和新岗位持续增长

2023 年 6 月，四大会计师事务所之一的安永（EY）发布最新年度调查数据显示，2022 年在欧洲范围内，英国吸引了最多的外商直接投资（foreign direct investment，FDI），超过法国和德国。2022 年欧洲的金融服务项目 FDI

① 北京金融科技产业联盟 .【金融科技发展研究】国际跟踪｜英国金融科技产业调查报告［N/OL］.［2023 - 01 - 06］. https：//bfia. org. cn/sites/home/MsgView. jsp？ msgId = 28794.

增长了 5%，从 2021 年的 277 个项目增长到 2022 年的 292 个项目。英国目前拥有欧洲 17% 的金融服务业 FDI 项目，相比之下，法国获得了 15% 的欧洲金融服务业 FDI 项目，德国和西班牙各获得了 11%。2022 年，境外投资者为英国 46 个金融服务项目投入资金，高于 2021 年的 39 个。排名欧洲第二的法国吸引了 35 个外资项目，低于之前的 38 个；德国和西班牙并列第三，吸引了 31 个外资项目，前者增加了 2 个项目，后者低于之前的 39 个。有专家此前曾断言，英国脱欧的决定将引发就业、投资和创新流向欧洲大陆，但安永的研究表明，英国金融界对外资的吸引力并未下降。事实上，自 2016 年英国脱欧公投以来，英国每年都在安永的金融 FDI 排行榜上名列欧洲地区的榜首（傅士鹏，2023）。

除了现有项目的扩张，英国新金融服务项目 FDI（评估一个国家投资活力和吸引新投资者能力）的数量也出现了同比增长。在英国 76 个项目中，68 个是新项目，高于 2021 年的 54 个。与此形成鲜明对比的是，欧元区主要市场的新项目数量出现了下降。整个欧洲和英国，与金融服务项目 FDI 相关的就业岗位也有所增加，其中为英国创造了 2603 个就业岗位，比 2021 年增长了 4%。①

4. 奉行新自由主义，产业空心化趋势明显

由于西方资本主义国家根据凯恩斯主义国家干预的理论，长期运用财政赤字和货币政策刺激经济增长、抑制经济危机，西方经济逐渐形成了生产能力过剩、信用过度膨胀、通货膨胀严重、政府财政赤字急剧增加的严重问题。随着失业率和通货膨胀等社会问题日益凸显，社会不满情绪蔓延，群众强烈要求政府进行大规模的改革和干预。在此形势下，随着金融垄断资本主义的全面确立，经济高度金融化、证券化，所有生产性资源都可以

---

① 安永最新调查：英国仍是欧洲吸引最多投资的国家，超过法德 ［N/OL］. ［2023 – 06 – 12］. https：//finance. sina. com. cn/wm/2023 – 06 – 12/doc-imywzrpa1679909. shtml.

变成能在市场上进行交易的金融资产，为了追求更高的利润回报率，新自由主义被拾了起来。以私有化、市场化、自由化和全球一体化为核心内容的新自由主义理论，逐步取代了凯恩斯主义，成为英国主流经济学理论和社会政治统治的依据（黄平、李奇泽，2021）。

新自由主义的核心是"市场决定论"，鼓吹"市场万能"，反对国家干预，较少对高收入者征收所得税，维护企业的利润。20 世纪 80 年代以来，在新自由主义思想的影响下，跨国经济、数字经济、金融与服务业成为英国产业发展的重点。服务型经济主张"去增长化"，认为制造业衰退无足轻重。根据世界银行公布的数据，英国制造业增加值占 GDP 的比重从 1990 年的 16.67% 下降到 2019 年的 8.59%。

从 20 世纪 80 年代开始，服务型经济逐渐影响发达国家的宏观政策和产业结构的调整，跨国经济、数字经济、金融与服务业成为英国产业发展的重点。服务型经济主张"去增长化"，认为制造业衰退无足轻重。新自由主义所倡导的对金融化与技术变革的持续推进，不仅造成了英国产业的空心化，更重要的是导致社会形成了鲜明的两极分化。

从顶层来看，高度金融化可以使金融收入大幅度增长，上层的精英群体获益颇多；从底层来看，全球化的高速推进、信息技术的发展和变革，对劳动者技能水平的要求日益提高，劳动力市场的竞争增强，工资水平会压缩，所以处于底层的文化水平和技术水平较低的民众会日益成为社会发展的边缘群体，造成社会非常严重的贫富两极分化。

七、法国

法国的现代化产业体系综合指数为 0.3649，在 G20 国家中排名第八，在欧洲国家中仅次于德国和英国，整体表现较好。尤其在要素投入和综合产出方面表现突出，法国的资本要素在 G20 国家中位列第三，但人力要素并不具备竞争优势，难以同人力资源富足、劳动力市场庞大的中美两国抗衡。与此同时，法国在发展方向和发展要求方面表现优异，显示了对未来发展方向和产业体系的全面考虑，提升了国家在现代化产业体系建设中的竞争力。在生产过程方面，法国的物质生产表现不足，具有一定的改进空间。整体而言，法国具备均衡的产业、技术、人力、政策基础，在多元化产业结构、技术创新和研发与可持续发展等方面加快探索，有力支撑法国现代化体系建设（见图5.8）。

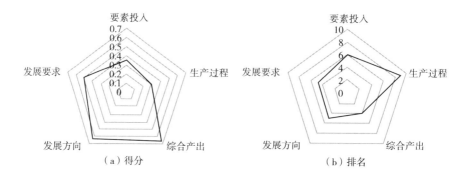

图5.8　法国现代化产业体系各指标得分和排名

1. 多元化的产业发展结构

法国是最早实施多元化的产业建设国家之一。早在 20 世纪 70 年代和 80 年代，法国正面临石油危机和全球化的冲击，为了应对经济的不确定性，政府采取了一系列政策措施，鼓励不同行业的发展，对高技术产业尤为重视。得益于国家干预的经济模式和国家力量主导发展的产业政策，法国工业化建设突飞猛进，并屡屡创造出诸如空客、雷诺、阿尔斯通等一大批标志性的"法国制造"奇迹。不仅如此，法国还鼓励各地区大力发展产业集群，集中发展某一领域的产业，导致法国有着多个专业的技术和创新集群，如数码、生命科学、航空航天等，产业集群的快速发展也促进了相关产业的协同发展。在法国的现代化产业体系中，农业、制造业、服务业和高科技产业共同构成了法国产业体系的多元基础。农业方面，法国以高品质的葡萄酒、奶酪等农产品而闻名；制造业方面，则涵盖了航空、汽车、化学和冶金等多个领域，法国政府 2015 年宣布的"未来工业"计划为这些制造业的发展提供了新的契机；服务业方面，文化创意产业等崭露头角，截至 2020 年，法国文化创意产业的总产值达到 3000 亿欧元，占国内生产总值的 5%①。

2. 以技术创新和研发引领构建产业发展新格局

为鼓励企业进行创新和研发，法国政府新设"工业发展基金""融资保证基金"，为中小企业及家庭作坊提供公共融资、担保，并促使商业金融机构向其放松信贷尺度；向招收高学历技术人员的中小企业提供技术转让、研究及研究成果推广资助；对积极响应国家和地区号召而创建的企业，直接发给创业、投资资助，且资助规模随其投资数额及生产性、服务性程度递增，最高可达投资额的 30%。法国还兴建并资助各类中小企业孵化和培养园区，政府在园内提供各类必需基础设施、生产手段、人力资源、技术转让、税务优惠、经营奖金及销售便利。同时，法国也鼓励企业利用创新券，寻求外部技术支持，推动技术和产品的不断更新。数据显示，法国研发投入比重从 2010 年的 2.18% 增长到 2020 年的 2.35%（见图 5.9），持续的研发投入使得法国的高新技术产业在全球价值链中占据重要的位置，如以空客公司为代表的航空航天业处于世界领先的地位。法国不仅在传统领域保持技术优势，还在数字经济领域推出了一系列政策，如 2018 年 9 月，法国公布了《利用数字技术促进工业转型的方案》，提出通过建立数字化平台、设计高科技产品和服务等方式，打造具有创新力的工业中心。数据显示，2019 年法国数字经济规模达 11698 亿美元，位列世界第六②，说明在一系列产业政策的推动下，法国数字经济已经具备一定的优势。

---

① 法国文化部. 法国文化创意产业发展报告［R/OL］. https：//www. culture. gouv. fr/Sites/2021_creative_industry_report.

② 中国信息通信研究院. 全球数字经济新图景（2020 年）报告［R/OL］. http：//www. caict. ac. cn/.

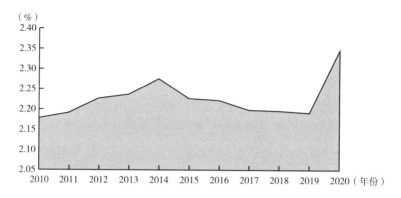

图 5.9　法国 2010～2020 年 R&D 研发支出占 GDP 比重

资料来源：世界银行．世界发展指标［EB/OL］．https://data.worldbank.org/indicator/
GB.XPD.RSDV.GD.ZS? locations = FR.

3. 打造服务产业发展的前沿阵地

法国的服务业增加值占比在 G20 国家中仅次于日本和美国，排名第三。其中典型代表就是文化创意产业，法国已经在奢侈品、设计和文化创意等领域具备独特的竞争优势。这些产业不仅为法国创造了丰厚的经济利益，而且提高了法国产品在国际市场上的影响力。法国的奢侈品牌如路易威登（Louis Vuitton）、香奈儿（Chanel）和迪奥（Dior）等享有世界闻名的声誉，成为法国产业体系中高附加值部分的代表。法国对服务产业的注重使其在全球现代化产业链中扮演了重要角色，不仅创造了更多的就业机会，而且提升了法国现代化产业体系的整体竞争力。2022 年，法国开始布局"元宇宙"的多元应用，特别是将元宇宙与文化创意经济相结合，以便更好地适应数字化时代，此举增强了法国文创企业的国际竞争力，以保持法国一流文化大国的地位。

4. 以绿色发展为终极目标

法国不断完善绿色发展的政策体系，加快推进生态环境建设，并承诺2050 年实现碳中和，制定了 2030 年和 2040 年的减排目标。法国积极地在相关产业推广环保技术和实践，使其不仅在环保方面取得了显著成就，还为全球树立了可持续发展的榜样。法国主要在以下五个方面助力绿色发展：一是法国计划实施"脱碳"计划，整合市政供电和供热部门，以提升其管理和运营效率。此外，通过公民意向书的发起，鼓励私有资本参与太阳能公园建设，并规划新建 100 千米的市区自行车专用道，以推动清洁能源和可持续交通的发展。二是发展循环经济。其中包括在餐饮和公共办公区域建设自用光伏设备，以及在两个大型公共社区收集生物废料。为鼓励大型能耗企业回收能源，法国将实施税收补偿政策。三是发展绿色农业。法国与农业商会和研究机构合作，研究混合农业耕作制度以保护生物多样性。通过团购和援助等方式向市民推广优质食品，同时监控并维护河流水质，促进绿色农业的可持续发展。四是绿色废物的维护和管理。法国将淘汰绿色作物中的农药，以控制绿色作物的化学物质含量，致力于绿色废物的维护和管理，以保障环境健康。五是保护绿色遗产。法国通过承诺保护绿色遗产，如梅斯市区的大片自然、农业和森林面积，确保居民享有丰富的公共绿地。2023 年 11 月，法国参议院通过了"绿色工业法案"，旨在促进法国的生态转型和再工业化。

第三节 第三梯队

G20 国家现代化产业体系综合指数排名第三梯队的国家包括印度、沙特阿拉伯、俄罗斯、意大利、澳大利亚、南非、土耳其、印度尼西亚八个国家。这些国家的现代化产业体系综合指数总体不高，当前正在努力发展本国的现代化产业体系，许多方面还存在短板，但在一些领域已反映出一些优势特征。

一、印度

印度的现代化产业体系综合指数为 0.3036，在 G20 国家中排名第九，在亚洲国家中仅次于中国、日本和韩国。为了提升现代化产业体系建设，印度政府早在 1991 年就开始实施经济改革，包括汇率自由化、财政赤字控制、对外贸易和外商投资自由化等一系列产业政策的转变等。此外，显著的劳动力优势有力促进了印度现代化产业的蓬勃发展。值得一提的是，印度的农业增加值在 G20 国家中表现出色，位列第一，为整体经济增长作出了显著的贡献。然而，印度的第二产业发展相对较为缓慢，其产值占整个 GDP 的比重长期保持在 30% 左右①，未呈现明显的上升或下降趋势，表明规模效应和效益方面尚未有明显改善。与此相反，第三产业在印度国民经济结构中占据主导地位，其中计算机及信息服务表现尤为突出，远远超过其他国家，成为经济增长的新引擎。在智能化和绿色化方面，印度政府推出清洁能源政策，比如国家清洁能源基金和可持续发展教育，提升居民可持续发展意识（见图 5.10）。

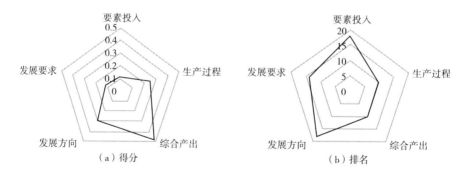

图 5.10　印度现代化产业体系各指标得分和排名

---

① 世界银行. 印度经济概况（2023 年）[EB/OL]. https：//www.worldbank.org/en/country/india.

1. 农业和服务业"双轮"驱动

印度的现代化产业体系特征鲜明，涵盖了农业、制造业和服务业等多个领域。印度自 1960 年开始实施国家农业政策，经历了四个不同的阶段，2020 年实施"平价支持、采购和保险"政策支持农业发展，农业部门一直是印度经济增长的重要来源。2021 年农业对 GDP 的贡献率为 16.8%，均大于美国、中国等农业大国，说明农业在国民经济中发挥着重要作用①。制造业方面，印度拥有着丰富的自然资源和劳动力，特别是在信息技术、制药、汽车和纺织等领域表现活跃。根据世界银行统计，印度工业占国内生产总值的 25.9%，明显高于发达国家，其中制造业占据主要地位。服务业方面，印度崭露头角的信息技术服务和商业流程外包业务为其带来了国际认可，成为印度现代产业体系中的重要组成部分。在政府政策的支持下，计算机软件服务业突飞猛进，带动了金融、保险和商务的繁荣，极大地推动了印度第三产业的快速发展，使得服务业对印度国民经济的贡献度不断增加。这种多元性为印度的现代化产业体系提供了重要的保证。

2. 软件领域产业形成稳定优势

印度的软件业迅猛发展，在世界名列前茅。印度目前拥有庞大的软件人才库，有大量的专业人才，产值、出口比重都很大。印度已经成为仅次于美国的世界第二大计算机软件出口国。信息技术和软件服务出口已经成为印度经济增长的主要动力之一，为全球价值链贡献了重要力量，一些 IT 公司在国际市场上竞争力持续增强，如 TCS、Infosys 和 Wipro 等。为了保证软件业的持续发展，印度通过"科技印度"倡议，旨在完善创新生态系统，这也为印度的现代化产业体系建设提供重要的支撑。此外，印度积极拥抱初创企业和发展数字经济。近年来，印度积极推动数字支付、智能城市和

① 世界银行.印度经济概况（2021 年）[EB/OL]. https：//www.worldbank.org/en/country/india.

电子政务等项目，致力于在全国范围内提升数字化水平，数字产业有望成为印度现代化产业体系中的一个重要支柱。

3. "印度制造"和绿色发展目标难以平衡

随着印度提出"印度制造"概念并将发展制造业作为国家的关键战略，工业生产和建筑活动持续蓬勃增长，然而，持续的工业化和城市化正对印度的能源需求产生巨大的压力。印度当前的工业结构尚未充分完善，基础设施建设相对薄弱，工业种类相对有限。高科技工业的发展水平相对较低，产品附加值不高，企业创新能力不足，位于全球产业链的微笑曲线底端，缺乏国际竞争力。信息化、数字化、自动化和智能化水平仍有较大提升空间。目前印度是世界第三大能源消费国，其中煤炭占其能源消费总量的46%，石油等化石燃料占24%，传统生物质能源占20%，天然气占5%，而太阳能、风能等其他可再生能源仅占4%①。财政资源和基础设施的限制使得印度在推动制造业和绿色发展方面难以取得平衡。此外，印度的绿色化方式主要采取开垦林地、围湖造田等对自然环境有破坏性的手段。尽管这些方式可以使印度的环境更加绿色，但这种短期且简便的方式并不能实现可持续发展，并对空气质量水平和经济转型的实质性提高产生难以忽视的影响。综上，印度不仅存在产业结构局部失衡和优势递减的问题，推动绿色发展的一系列举措效果也并不明显，导致印度的现代化产业体系建设面临诸多挑战。

二、沙特阿拉伯

沙特阿拉伯在 G20 国家现代化产业体系综合指数中排名第十，处于第三梯队的第二位。从图 5.11 可以发现，沙特阿拉伯在生产过程及发展方向

---

① 国际能源署（IEA）. 世界能源展望 2023 ［EB/OL］. https：//www.iea.org/reports/world-energy-outlook‒2023.

方面较为突出，其他方面得分较低，其现代化产业体系建设还有待提升。

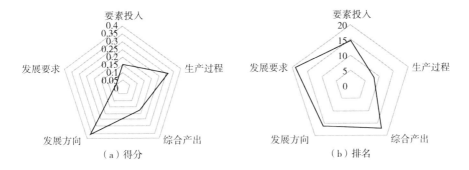

图 5.11　沙特阿拉伯现代化产业体系各指标得分和排名

从具体得分看，沙特阿拉伯要素投入得分 0.1518，排名第 15；生产过程得分 0.3064，排名第 8；综合产出得分 0.1765，排名第 17；发展方向得分 0.3663，排名第 16；发展要求得分 0.0530，排名第 19。综合来看，各项指标均位列 G20 国家靠后位置。

沙特阿拉伯现代化产业发展除了生产过程排名较高外，其他并不突出。沙特阿拉伯的产业发展特色包括石油产业的主导地位、工业多元化、基础设施建设、吸引境外投资、人力资源发展以及区域合作与多边合作。这些特点反映了沙特阿拉伯政府在促进经济多样化、提高竞争力和实现可持续发展方面的努力。

1. 基于石油产业的主导地位推进工业多元化

沙特阿拉伯是全球最大的石油出口国之一，石油产业一直是其经济的支柱。石油产业的发展为沙特阿拉伯提供了巨大的财富和经济实力，使其成为全球能源市场的重要参与者。石油出口收入对其国内生产总值和财政收入的贡献非常大。沙特阿拉伯通过国有石油公司沙特阿美控制着石油产业的开采和销售，这使得该国能够在全球市场上发挥重要的影响力。

根据沙特阿拉伯统计总局的数据，2022 年沙特阿拉伯 GDP 增长率为 8.7%，超过印度，在 G20 国家中拔得头筹。经济的高速增长，离不开高油价的贡献，尽管 2022 年末油价有所回落，但也未影响到沙特阿拉伯在这一领域的整体收入。据沙特阿拉伯统计总局最新的公布，沙特阿拉伯 2023 年的石油收入为 3260 亿美元。

然而，沙特阿拉伯政府意识到过度依赖石油的风险，并制定了"沙特愿景 2030"计划，旨在推动经济多元化和减少对石油经济的依赖。2016 年，沙特阿拉伯发布"2030 愿景"，它设定的总体目标是，到 2030 年，使沙特阿拉伯在全球经济体的排名从目前的第 19 名提升至前 15 名，将油气行业本地化水平从 40% 提升至 75%，将公共投资基金的资产总额从 1600 亿美元提升至 18667 亿美元，将全球竞争力指数排名从第 25 名提升至前 10 名，将外商直接投资 GDP 占比从 3.8% 提高至 5.7%，将私营经济 GDP 贡献率从 40% 提升至 65%，将非油外贸出口占比从 16% 提升至 50%，将非油政府财政收入从 1630 亿里亚尔提高至 10000 亿里亚尔。该计划提出了一系列措施，包括发展旅游业、能源产业、金融服务、制造业和信息技术等领域，以促进经济的可持续发展。

为了减少对石油产业的依赖，沙特阿拉伯积极推动工业多元化。政府鼓励发展钢铁、化工、塑料、建材、电子、医药等行业，并提供各种激励措施和投资机会。这些努力旨在促进经济结构的多样化，降低对石油价格波动的经济敏感性。

2. 深化基础设施建设以推进区域多边合作

沙特阿拉伯在基础设施建设方面投入巨大。政府致力于发展交通、能源、水资源、通信等领域的基础设施，以支持经济发展和吸引境外投资。例如，沙特阿拉伯正在建设现代化的城市、港口、铁路和公路网络，以提高物流效率和便利性。

沙特阿拉伯积极参与区域合作和多边合作，加强与其他国家和地区的经济联系。根据沙特中央银行（Saudi Central Bank）公布的数据，2023 年第一季度，沙特阿拉伯外商直接投资规模达到 2.17 亿美元，比去年同期增长超过 10%。新出台的一系列外商投资激励政策、相对稳定的政治环境、持续的经济改革、充足的劳动力以及丰富的自然资源，吸引着更多的境外投资者前往沙特阿拉伯当地进行投资。

从沙特阿拉伯对外合作角度看，沙特阿拉伯与中国、马来西亚、意大利、德国、美国、韩国等 56 个国家和地区签署了避免双重征税协定，与 26 个国家或地区签署了双边投资协议，主要包括中国、韩国、日本、瑞士、土耳其等。这些双边协定或区域协定减少了沙特阿拉伯与缔约国之间的贸易和投资壁垒，吸引了境外投资者前往沙特阿拉伯投资。例如，沙特阿拉伯是海湾合作委员会（GCC）的成员国，与其他海湾国家合作推动经济一体化和贸易自由化。此外，沙特阿拉伯还是世界贸易组织（WTO）的成员国，参与国际贸易规则的制定和贸易自由化的推进。

三、俄罗斯

俄罗斯在 G20 国家现代化产业体系综合指数中排名第 11，在第三梯队中排名第 3。从图 5.12 中可以看出，俄罗斯在综合产出、发展方向中表现优异。相比之下，俄罗斯在发展要求、生产过程方面表现较弱，是目前较为突出的短板。

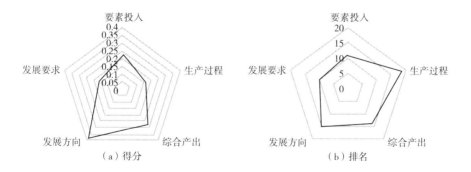

图 5.12　俄罗斯现代化产业体系各指标得分和排名

从具体得分看，俄罗斯要素投入得分 0.2238，排名第 11；生产过程得分 0.1554，排名第 19；综合产出得分 0.2755，排名第 14；发展方向得分 0.3931，排名第 15；发展要求得分 0.1693，排名第 10。

尽管俄罗斯因为俄乌冲突影响，存在一些外部和内部的挑战，但俄罗斯的产业发展仍然具有潜力和机遇。通过持续的努力和适应性的策略调整，俄罗斯有望在未来实现经济的稳定增长和产业的全面升级。

1. 产业多元化发展与现代化推进的迫切性

俄罗斯经济长期以来依赖于能源出口，主要是石油和天然气。这种单一的经济结构使得俄罗斯在全球能源市场价格波动时面临较大的风险。因此，产业多元化成为俄罗斯经济发展的重要趋势之一。俄罗斯政府已经认识到这一点，并开始采取措施推动包括制造业、农业和服务业在内的其他产业的发展。

随着全球经济的发展，特别是数字化和自动化技术的进步，俄罗斯也在努力推进产业现代化。这包括投资于高科技领域，如航空航天、核能、信息技术和生物技术等。俄罗斯拥有一批高技能的科研人员和丰富的科学研究传统，这为其产业现代化提供了坚实的基础。

2. 逐渐重视科技创新与人才培养

2021 年 3 月颁布的《俄罗斯联邦"发展工业和提高其竞争力"国家规划纲要》，由俄罗斯联邦工业和贸易部负责，联邦技术法规和计量局共同执行，国家原子能公司"Rosatom"、俄罗斯联邦科学和高等教育部、联邦航天局共同参与，旨在使俄罗斯经济在能源领域、原材料的开采和加工方面保持世界领先地位，而且还将创造具有竞争力的知识和高科技经济。俄罗斯政府在国家层面上推动科技创新，设立了多个科技园区和创新中心，如斯科尔科沃创新中心。这些措施旨在吸引投资，促进高新技术企业的成长，以及推动科研成果的商业化。俄罗斯在某些高科技领域，如军工和核技术，已经取得了显著成就。

科技创新的成功在很大程度上取决于高质量的人才。俄罗斯拥有一些世界级的教育机构，如莫斯科国立大学和圣彼得堡国立大学，这些机构为俄罗斯的科技创新提供了人才支持。俄罗斯政府也在努力改善教育体系，以培养更多适应现代产业需求的专业人才。

3. 强化国际合作以减轻经济制裁的影响

在全球化的背景下，国际合作对于产业发展至关重要。俄罗斯在能源、科技和军工领域与多个国家建立了合作关系。通过国际合作，俄罗斯不仅能够获得境外的资本和技术，还能够进入新的市场，这对于俄罗斯产业的发展和多元化具有积极的推动作用。

然而，由于国际政治环境的复杂性，俄罗斯面临着一些西方国家的经济制裁。这些制裁对俄罗斯的经济和产业发展造成了一定的负面影响，特别是在吸引外商直接投资和技术转移方面。俄罗斯政府正在寻求通过加强与亚洲、中东和其他地区国家的经济合作来应对这些挑战。

四、意大利

意大利在 G20 国家现代化产业体系综合指数中排名第 12，在第三梯队中位列第 4。从图 5.13 可以看出，意大利在综合产出、发展方向中得分较高，其他各项指标数值均较低，其中发展方向得分高，这可能与意大利推动产业绿色化密切相关。

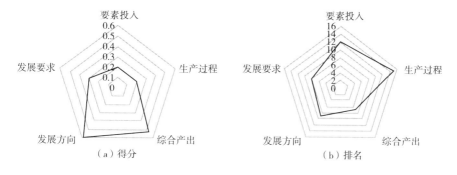

图 5.13　意大利现代化产业体系各指标得分和排名

从具体得分看，意大利要素投入得分 0.2013，排名第 12；生产过程得分 0.1992，排名第 15；综合产出得分 0.5318，排名第 7；发展方向得分 0.5907，排名第 9；发展要求得分 0.3062，排名第 8。综合来看，在第三梯队中，意大利综合产出与发展要求的得分较有优势。

1. 制造业面临转型，服务业蓬勃发展

意大利的制造业一直是其经济的重要支柱，特别是在汽车、时尚和家具设计领域。然而，全球化的挑战和新兴经济体的竞争，迫使意大利制造业必须进行转型。未来，可以预见到意大利制造业将更加注重高附加值的产品和服务，比如定制化的奢侈品和高端制造业。而且为了提高竞争力，意大利的制造业将更多地采用自动化和智能化技术，以提高生产效率和降低成本。

服务业是意大利经济中增长最快的部分，尤其是旅游业、金融服务和信息技术服务。意大利拥有丰富的历史遗迹和自然风光，吸引了大量的国际游客。意大利的旅游业将继续保持增长势头，同时也会更加注重可持续发展和高质量的旅游体验。此外，金融服务和信息技术服务也将因为数字化转型和创新而持续增长，成为推动意大利经济发展的新引擎。

2. 数字化与可持续发展背景下文化产业面临新的机遇

意大利作为一个拥有丰富历史和文化遗产的国家，其文化产业一直以来都扮演着重要的角色。根据由意大利品质基金会（Symbola）与意大利商会联合会（Unioncamere）、意大利海外商会协会（Assocamerestero）合作统计的意大利持续增长行业数据来看，2022 年，意大利的文化产业产出 955 亿欧元，比前一年增长了 6.8%，比 2019 年增长了 4.4%。整个文化产业从业人数为 1490738 人，相比 2021 年增长了 3%，而全国整体就业人数平均增长率为 1.7%。随着全球化和数字化的发展，意大利文化产业正面临着新的机遇和挑战。

首先，数字化技术的应用将推动意大利文化产业的创新和发展。随着互联网和移动技术的普及，数字化媒体和内容的需求不断增长。虚拟现实、增强现实和人工智能等新技术也为意大利文化产业带来了更多的创新机会，例如在博物馆和艺术展览中提供沉浸式的体验，或者通过智能算法来推荐个性化的文化产品。其次，国际合作和市场开拓将成为意大利文化产业发展的重要推动力。意大利的文化产业在国际市场上享有盛誉，但也面临着来自其他国家的竞争。为了保持竞争力和拓展市场份额，意大利文化产业需要加强与其他国家的合作，共同开发和推广文化产品。最后，可持续发展和文化保护将成为意大利文化产业发展的重要议题。意大利拥有丰富的文化遗产和历史建筑，但也面临着保护和可持续利用的挑战。在发展文化产业的过程中，意大利需要制定合理的政策和措施，保护和传承文化遗产，同时实现经济效益和可持续发展。

五、澳大利亚

澳大利亚在 G20 国家现代化产业体系综合指数中排名第 13，在第三梯队中位列第 5。从图 5.14 中可以看出，澳大利亚在发展方向中得分较高，其他各项指标数值均较低，需要推动其他方面的均衡发展。

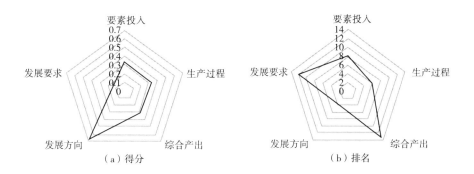

图 5.14 澳大利亚现代化产业体系各指标得分和排名

从具体得分看，澳大利亚要素投入得分 0.3282，排名第 8；生产过程得分 0.3293，排名第 6；综合产出得分 0.3100，排名第 13；发展方向得分

0.6795，排名第 4；发展要求得分 0.1474，排名第 12。综合来看，澳大利亚生产过程、发展方向指标在 G20 国家第三梯队中领先优势明显。

在全球经济不确定性增加的背景下，澳大利亚需要加强产业多元化，提高创新能力，推动可持续发展，以应对未来的挑战。同时，澳大利亚也需要加强与世界其他国家和地区的合作，共同应对全球性问题，实现共同发展和繁荣。

1. 在创新导向中寻求产业结构的转型与升级

澳大利亚的经济体系以服务业为主，其中金融服务业、教育服务业和旅游业是澳大利亚服务业的三大支柱。然而，随着全球经济的发展和科技的进步，澳大利亚的产业结构正在经历一场深刻的转型与升级。2018 年，澳大利亚科学创新委员会向政府提交了《澳大利亚 2030：创新实现繁荣》报告，其目的是帮助政策制定者制定关于加速创新、科学研究及最优化澳大利亚创新体系产出的战略计划。该计划旨在将澳大利亚从传统的资源出口型经济转型为以创新和科技驱动的经济。这主要体现在澳大利亚政府对创新和科技的大力支持，包括设立创新基金、推动科技创新政策等。

2. 资源产业面临挑战

根据澳大利亚工业、科学和资源部（DISR）发布的 2023 年 9 月版《资源和能源季刊》报告，在包括中国经济在内的全球经济出现放缓之际，未来两年澳大利亚的资源和能源出口收入预期将出现持续下降。报告显示，澳大利亚 2023~2024 年的资源和能源出口收入将为 4000 亿澳元，较 2022~2023 年创纪录的 4670 亿澳元出口收入有所下降。澳大利亚作为世界上最大的煤炭出口国和铁矿石出口国，同时也是世界上最大的铝和镍出口国之一。随着全球对可再生能源的需求增加，澳大利亚的可再生能源产业也在迅速发展，特别是太阳能和风能。随着全球能源结构的转型，澳大利亚的资源产业将继续受到关注，但也需要应对全球气候变化和可持续发展的挑战。

六、南非

南非在 G20 国家现代化产业体系综合指数中排名第 14 位，在第三梯队中位列第 6。南非拥有丰富的矿产资源，但其资源利用效率不高，南非经济转型相对缓慢，本土基础工业和重工业萎缩，制造业产业空心化，经济发展形势低迷，人均 GDP 分布不均、内需疲软、基础设施老化、生产设备升级换代滞后，缺乏产业发展动力。

从具体得分看，南非要素投入得分 0.2955，排名第 9；生产过程得分 0.2049，排名第 14；综合产出得分 0.168852，排名第 18；发展方向得分 0.1729，排名第 19；发展要求得分 0.0922，排名第 16。综合来看，南非的要素投入指标在 G20 第三梯队国家中具有领先优势（见图 5.15）。

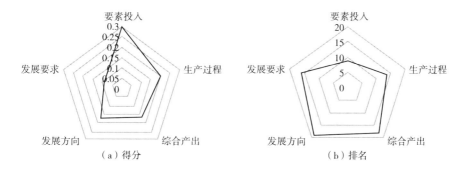

图 5.15 南非现代化产业体系各指标得分和排名

1. 发展过度依赖自然资源和外资流入，缺乏产业转型所需要素

南非经济初显复苏，2021 年第二季度南非 GDP 同比增长 19.3%，结束了自 2020 年第二季度以来连续四个季度的经济下滑，上半年整体经济增速达到 7.6%。从供给侧看，2021 年第二季度，南非采矿业、制造业、贸易餐饮和住宿业分别实现了 53.5%、42.1%、33.6% 的高速增长。该时期贸易顺差 3357.4 亿兰特，同比扩大 139.3%，贸易结构单一问题较为突出。南非面临大量高技术水平核心骨干外流和低技术水平劳动力就业意愿不高的双重困境，

2021 年第二季度，南非劳动人口规模为 2276.8 万人，较上季度增加 53.0 万人，较上年同期增加 432.5 万人，但放弃求职的人数仍有所增加，达到 331.7 万人，同比增长 34.3%。新冠疫情以来，南非失业率持续走高，2021 年第二季度为 34.4%，较上季度提高 1.8 个百分点，较上年同期提高 11.1 个百分点，为自 2008 年南非统计局进行季度劳动力调查以来的最高值。此外，财政压力持续攀升，南非政府债务约 4 万亿兰特，未来两到三年内政府债务将增加到 5.2 万亿兰特，预计南非债务将在 2025～2026 年达到顶峰，占 GDP 的 95.3%，南非债务负担日益增加、财政实力减弱，产业升级环境不断恶化。[①]

2. 面临"电荒"，工业化所需电力严重短缺

由于全球需求低迷、停电和特大洪水影响了夸祖鲁－纳塔尔省的工业生产，南非的实际 GDP 增长率从 2021 年的 4.9% 降至 2022 年的 1.9%[②]。而通货膨胀加剧，也影响了居民家庭消费支出，而这是南非经济增长的主要驱动力之一。根据非洲开发银行的预测，南非 2023 年的经济增长率预计为 1.6%。近期，南非电力供应再次出现危机，南非燃煤电厂至少有 11 台发电机组出现故障，国家电力公司连续启动六级限电措施。由于该公司对其老化的燃煤电厂进行大修，南非仍将面临至少两年的持续停电。南非正在考虑修改其 2019 年的一项综合资源计划，这项计划是为其不景气的电力部门制定的基础设施蓝图，并将反映南非的发电需求和气候承诺。

3. 加快绿色转型升级，提升结构性增长动力

第一，加快数字化和绿色转型，赋能经济社会发展。南非发布的"国家数字战略"明确表示，数字经济是其发展的优先领域，政府为此专门成立了"第四次工业革命总统委员会"，为本国数字经济发展提供政策建议和

---

① 中国经济网. 南非复苏略超预期［EB/OL］. http：//paper. ce. cn/pc/content/202109/13/content_211698. html.

② 前瞻网. 2023 南非经济展望［EB/OL］. https：//t. qianzhan. com/caijing/detail/230419 - e9fc3b15. html.

战略规划。2021 年 4 月，南非通信与数字技术部向国会提交了一份加快数字与云技术发展的议案，旨在增强国家数字服务能力，提高政府数据分析研判水平，保障南非数据主权与安全。根据规划，南非将整合两家国有数字技术企业，成立国家数字基础公司，还将建立国家数字信息技术经济特区，吸引本地和境外企业在数据和云技术基础设施及服务领域投资。健全宏观经济和监管政策，增强外界对当地货币的信心。

第二，健全工人培训体系，提升核心骨干技能。为提振南非经济，促进就业，2020 年 10 月南非政府启动了"总统就业刺激计划"，目标是在 2021 财年创造 80 万个就业岗位。新冠疫情暴发之初，南非政府及时推出中小企业资助计划，为中小企业融资提供一定额度的担保，以解决中小企业的燃眉之急。2022 年初，南非政府继续推出中小企业反弹支持计划。其主要内容是通过银行和发展金融机构提供 150 亿兰特中小企业贷款担保，帮助因新冠疫情相关封禁措施而陷入困境的中小企业。扶持中小企业不仅是稳经济的重要举措，更是促进就业的重要途径。刺激就业取得了部分成效，2022 年第一季度南非就业人数比 2021 年第四季度增加 37 万人，第二季度就业人数进一步增加 64.8 万人[①]。

七、土耳其

土耳其在 G20 国家现代化产业体系综合指数中排名第 15 位，在第三梯队中位列第 7。土耳其共和国自成立以来，经过 90 多年的奋斗，逐步从一个落后的农业国蜕变为一个国民经济门类比较齐全、产业结构比较合理的现代化国家。2016 年，土耳其国内生产总值为 8577 亿美元，居世界第 17 位，其农业、工业、服务业在国民经济中的比重分别为 6.93%、32.36% 和 60.72%[②]。

① 南非华人网.南非财政部计划推出中小企业反弹支持计划［EB/OL］.https://www.nanfei8.com/news/caijingxinwen/2022-02-27/73348.html.

② 快易理财网.土耳其历年 GDP 数据［EB/OL］.https://www.kylc.com/stats/global/yearly_per_country/g_gdp/tur.html.

土耳其这"黄金十年"的经济发展，主要是凭借外债发展基建和初级产业所取得的成果，然而在产品升级和调整后的经济结构方面，依然发展缓慢。随着大量自由进出的热钱和安全形势的不断恶化加之内外部诸多因素的影响，使得土耳其经济发展的脆弱性暴露无遗。

从具体得分来看（见图 5.16），土耳其要素投入得分 0.1943，排名第13；生产过程得分 0.1637，排名第 16；综合产出得分 0.6231，排名第 5；发展方向得分 0.5495，排名第 12；发展要求得分 0.1175，排名第 15。综合产出的排名相对靠前，说明生产过程有待于进一步优化，通过调整发展方向可提升经济发展成效。

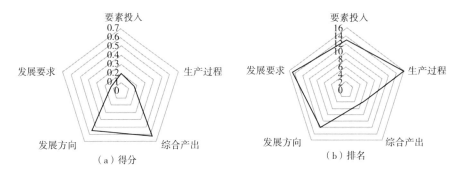

图 5.16　土耳其现代化产业体系各指标得分和排名

1. 里拉贬值和通货膨胀相互交织，就业与民众生活受到严重影响

土耳其在 2002～2017 年实现了经济高速增长，进入了较高的中上收入水平。但随着过去 10 年改革势头减弱，生产率增长放缓，土耳其国内政策致力于通过信贷繁荣和需求刺激来支持增长，却加剧了其国内外经济联系的脆弱性。亮眼的"成绩单"背后，是土耳其经济危机和风险的螺旋式上升。首先是本币里拉持续贬值，通货膨胀率飙升。货币剧烈贬值造成进口成本不断抬升，债务负担加重、违约风险升高，外汇储备日渐枯竭，投资者信心低落。同时，土耳其通胀率居高不下，还引爆了一场广泛持久的"生活成本危机"，粮食、能源、药品等价格持续上涨，多数土耳其民众对政府的失望和不满之情日益积累。

　　土耳其政府对此坚持降息政策，意在扩大信贷，促进生产、投资和出口，提高供给，最终达到打压通胀的目的。但这套被外界称为"埃尔多安经济学"的政策效果迄今并不明显，反而加剧了土耳其民众对本国经济发展前景的悲观预期。一方面，土耳其经济长期深受货币贬值困扰，里拉成为全球表现最差和最易于受到冲击的新兴市场货币之一。在 2021 年末的货币危机中，里拉兑美元汇率从 13.3：1 快速跌破 18：1 大关[①]。另一方面，土耳其一直面临着较大的通胀和就业压力，政府设定的通胀率和失业率目标从未实现。2017 年之前土耳其的通胀率控制在 10% 以下，2018 年因里拉危机而飙升至 20.3% 之后两年降至 15% 以下，通货膨胀叠加新冠疫情和乌克兰危机后的能源危机加剧了土耳其国内民生困难，面包等食品、生活用品及房屋价格出现大幅上涨，民众购买力受到严重削弱，能源进口和交通运输成本飙升造成企业经营更加困难，失业率也处于高位，土耳其官方失业率长期维持在 10% 左右并未有显著下降[②]。

2. 经济产出以高能耗和高污染为代价，面临复杂的国内和国际环境

　　经济的高能源和碳强度使土耳其容易受到全球能源供应和价格波动的影响，并在全球和区域脱碳政策的背景下对其出口商构成挑战。土耳其的产业结构仍长期在中低端徘徊，技术和产业升级缓慢，内生增长动力不足加之能源严重依赖进口造成长期经常项目赤字，加深了其对资本项目顺差的依赖，并逐步推升了国内公私部门的外债水平。土耳其资本市场高度开放，使得本国经济增长和金融市场与全球宏观经济表现及国际资本流动深度绑定，更易受到国际金融市场波动的冲击。随着改革放缓和生产率下降，土耳其经济越来越依赖外部信贷和需求这一增长模式，加剧了内外失衡和

---

① 中国外汇网. 土耳其里拉贬值的原因与启示［EB/OL］. http：//www.chinaforex.com.cn/.
② 土耳其里拉暴跌背后的深层次危机［EB/OL］. 上外新闻，https：//news.shisu.edu.cn/.

脆弱性，这构成了土耳其经济的主要结构性问题，催生了近年来土耳其经济"高外债、高赤字、高通胀"叠加的多重治理困境。

此外，俄乌冲突也加剧了土耳其经济面临的逆风。鉴于土耳其与俄罗斯和乌克兰有着密切的经济联系，冲突预计将扰乱土耳其的能源和农业贸易、游客入境和海外建筑活动。基本商品进口价格飙升将直接影响家庭生活和工业生活，并对人民的账户收支和通货膨胀产生不利影响。其中，土耳其的低收入家庭受到的影响更为严重，因为他们在食品和住房上的支出占预算的比例远高于富有的家庭。

3. 优化外商投资环境，增强经济抗风险能力

首先，土耳其政府宣布了一系列改革举措，包括启动经济政策改革，通过投资、就业、生产、出口等发展经济，降低本国通货膨胀。其次，针对本国经济结构特点，土耳其政府将投资与出口作为主要经济增长动力。土耳其提出"百年愿景"后，在国际宏观经济下行和国内经济增长乏力背景下，为了弥补国内储蓄不足和经常账户赤字，更为重视以投资与出口推动经济继续增长。

在国内经济层面，一方面，土耳其推出了更为系统的投资吸引政策，提升国内工业区、自由区的运营效率，努力改善投资环境，打造最佳投资目的地国形象。2012 年，土耳其颁布了投资激励计划，对在指定落后地区投资以及大型项目投资给予更多激励与优惠。2014 年，土耳其推出融资担保政策，带动了一大批交通领域大型项目的落地。2016 年底，土耳其推出"投资吸引中心"项目，进一步向东部地区省份的投资提供倾斜政策。土耳其政府发布的"外商直接投资战略（2021～2023 年）"显示，2003～2020年土耳其共吸引外商直接投资 2251 亿美元，其中 2011～2020 年的十年为1308 亿美元。土耳其希望到 2023 年将该国在全球外商直接投资总额中的占比提高到 1.5%，为此制定了 11 项战略，并据此采取 72 项具体行动。另一方面，土耳其扩大了国内投资力度，利用政府和财团资金推进房屋与基建投资，并力争引导国内投资流向。加强基础设施建设是"百年愿景"的重要内容，面对经济增长乏力和外部不利因素的冲击，土耳其政府大力开展建筑、交通、能源和电力基础设施建设，推出了国内通信网络、智能电网发展规划等，并实施"中间走廊"计划，打造国际交通与能源枢纽。埃尔多安多次表示，土耳其在投资、就业、生产、出口和经常账户盈余的基础上启动了增长进程，"开始了一场历史性的经济转型"。

4. 提升本国产品的市场占有率，增强产业升级动力

在对外经济关系层面，一方面，土耳其更为重视出口部门对于经济发展的拉动作用，努力优化出口结构。土耳其政府认为，出口可以起到"立竿见影"的经济带动效果，也有利于稳定国内资金供应和就业稳定。土耳其政府多次强调出口对于土耳其的重要性，将之列为经济发展的四大优先目标之一，认为出口是国家经济发展的动力源。土耳其政府发布的"2023出口战略"提出，从生产和出口两个方面提升出口产品结构，转向以先进技术和研发为基础的高附加值领域。另一方面，土耳其在世界范围内广泛开展经济外交，积极推动本国出口和吸引外来投资。近年来，埃尔多安频繁出访亚太、非洲、中亚、中东等地区相关国家，主动设定双边经贸发展目标，努力扩大贸易往来规模，拓展外部投资来源，为国内经济增长寻求外部动力。在继续巩固来自欧美的投资之外，土耳其还积极寻求来自海湾阿拉伯国家、俄罗斯、中国的直接投资与资金援助。2018 年土耳其里拉危机爆发后，中东"盟友"卡塔尔紧急向土耳其投资了 150 亿美元。土耳其近来积极与海湾阿拉伯国家改善关系并签署了多项经济合作协议，2021 年阿联酋领导人承诺投资 100 亿美元，2023 年沙特阿拉伯承诺向土耳其央行存入 50 亿美元，这对土耳其脆弱的里拉汇率与经济稳定发挥了一定的支撑作用。[①]

---

① 中国新闻网. 土耳其里拉危机：一场注定到来的危局［N/OL］. https：//www. chinanews. com. cn/.

八、印度尼西亚

印度尼西亚在 G20 国家现代化产业体系综合指数中排名第 16 位，在第三梯队中位列第 8。从图 5.17 中可以发现，印度尼西亚在要素投入、综合产出、发展方向、发展要求中表现均相对落后，国家整体的现代化产业水平较低。

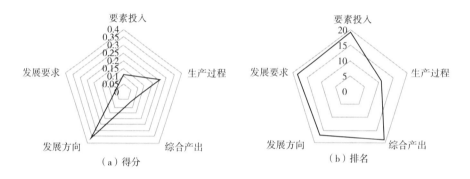

图 5.17 印度尼西亚现代化产业体系各指标得分和排名

从具体得分看，印度尼西亚要素投入得分 0.1077，排名第 19；生产过程得分 0.2565，排名第 11；综合产出得分 0.0781，排名第 19；发展方向得分 0.3600，排名第 19；发展要求得分 0.0531，排名第 18。综合来看，绝大多数指标均位列 G20 国家末位。

与其他 G20 经济体相比，印度尼西亚现代化产业发展水平相对落后，但近些年以来，印度尼西亚政府也基于国家产业发展特色推行一系列卓有成效的政策举措以提高产业整体发展实力。

1. 一揽子强化基础设施建设计划成为国家经济发展的重要任务

落后的基础设施是制约印度尼西亚发展的关键因素。为此，印度尼西亚政府提出"海上高速公路"战略，主张政府通过为私营企业投资创造有利条件和建立合理的法律框架鼓励外资和本国私营企业参与基础设施投资，进行供水、电力、交通、港口和公共卫生设施等方面的基础设施项目。据印度尼西亚财政部发布数据，印度尼西亚2020~2024年基础设施建设规划的资金需求达4500亿美元，其中印度尼西亚中央政府财政预计承担37%，地方政府和国企预计承担21%，其余的42%资金缺口（约1900亿美元）将通过与国内外私营资本合作进行融资。基于此，印度尼西亚专门设立主权财富基金及其投资管理机构，对收费公路、机场、港口、数字基建等进行战略投资。

从区域发展看，为缩小发达的爪哇岛与其他地区的发展差距，2018年印度尼西亚政府在爪哇岛外推出大都会加速发展计划、城市和农村同步振兴计划、偏远和边境地区基础设施和基本服务加速发展计划等3个国家级项目以促进形成新经济增长极。

2. 持续优化外商投资环境成为特色产业发展的关键动因

世界银行的WDI数据库统计数据显示，2021年印度尼西亚的外商直接投资净流入占国内GDP的比重为1.84%，在G20国家中位列第11，远高于其他指标的排名位次，这离不开印度尼西亚政府持续优化营商环境。

为吸引外商，印度尼西亚政府持续推进"负面清单"制度。2016年，印尼政府发布第十项经济政策方案，更新对外投资清单，对外开放包括颗粒胶、冷藏、医药原料、电子商务平台、电影、收费公路运营、旅游等行业。据世界银行统计，投资环境的改善促使2017年印度尼西亚营商环境便利度比2016年提高了19位。2019年，印度尼西亚政府提出"三北一岛"开发计划，积极鼓励世界各国在"三北一岛"4个地区进行包括海港和工业区、发电厂、冶炼厂和旅游区在内的总计27个项目投资。各领域和各地区外商投资环境的优化升级，为产业持续发展提供了源源动力。

事实上，印度尼西亚特色产业的转型升级，都与外商投资有着千丝万缕的联系。作为东盟的第二大汽车制造中心，在"打造印度尼西亚4.0"工业革命路线图中，汽车行业被定义为该国五大优先发展的产业之一。印度尼西亚巨大的国内市场潜力和具有竞争力的人工成本吸引外商直接投资进入该国汽车市场，进而促进汽车行业的快速发展。其中，来自日本的外商直接投资占到该国汽车行业外商直接投资总额的 75%。而韩国和日本在电动汽车产业中的投资比例也不断增加。

3. 与中国合作的不断深入带来新的发展机会

印度尼西亚作为东盟地区经济体量最大的国家，是中国"一带一路"的重要伙伴国。随着"一带一路"的不断深入，中国与印度尼西亚之间的合作不断升级。据 Wind 数据库统计数据显示，2015 年，随着中国与印度尼西亚双方《中印尼基础设施与产能合作谅解备忘录》的签署，中国承诺向印度尼西亚基础设施投资 500 亿美元，涵盖铁路、电厂、收费公路等方面，占印度尼西亚 2011～2025 年 367 个基础投资项目总金额的 11.4%；2017年，伴随着中国与印度尼西亚雅加达至万隆高速铁路项目建设的深入推进，中国不仅推进了两国交通基础设施建设方面的资金融通，也通过经贸合作区建设加强两国经济合作基础。在私人企业投资领域，近几年中国企业在印度尼西亚的投资布局也由传统的电力、采矿及金属行业转向新兴科技行业，惠及印度尼西亚的优势产业现代化发展。

随着《区域全面经济伙伴关系协定》（RCEP）的落地生效，未来两国有着更广阔的合作空间和发展前景，中国数字化、绿色化的发展经验和典型模式将更多地惠及印度尼西亚产业数智化转型，为该国现代化产业体系建设提供新的发展机遇。

第四节　第四梯队

G20 国家现代化产业体系综合指数排名位于第四梯队的国家包括墨西哥、巴西和阿根廷三个国家。综合来看，这些国家的现代化产业体系发展相对滞后，亟须突破发展瓶颈，为产业转型升级提供新动能和新方向。

一、墨西哥

墨西哥在 G20 国家现代化产业体系建设中位于第四梯队。从图 5.18 中可以发现，墨西哥在要素投入、综合产出、发展方向、发展要求中总体表现不佳，国家整体的现代化产业水平较低。

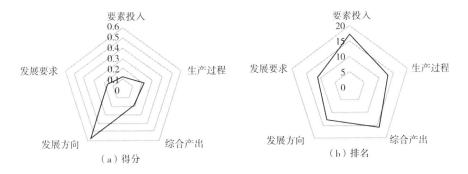

图 5.18 墨西哥现代化产业体系各指标得分和排名

从具体得分看，墨西哥要素投入得分 0.1160，排名第 17；生产过程得分 0.2112，排名第 13；综合产出得分 0.1783，排名第 16；发展方向得分 0.5474，排名第 13；发展要求得分 0.1681，排名第 11。综合来看，绝大多数指标均位列 G20 国家中后位次。

作为第四梯队的国家，墨西哥相对落后的现代化产业体系建设主要体现在两个方面：对外经济依赖度强和产业结构相对低端。

1. 高外贸依存度致使国内产业链经济韧性差

得益于地缘优势以及《北美自由贸易协定》（NAFTA）的缔结，墨西哥借助巨大的劳动力成本优势，吸引了大批来自美国、德国、日本和韩国的直接投资。外商直接投资带来的技术创新促使墨西哥制造业取得明显发展，其中，汽车产业和电子产业更是成为该国的支柱产业。但是，NAFTA 也令墨西哥深度融入以美国为主导的北美产业链体系的下游生产端，其产业结构对美国市场形成深度依赖。随着美国经济下行，墨西哥的产业发展深受冲击，本地产业链韧性较差。为此，积极寻求新的合作伙伴，开拓美洲外市场业务迫在眉睫。

2. 产业结构低端阻碍产业转型升级

由于丰富的原油储量和低廉的劳动力价格，墨西哥出口贸易以石油产品出口、汽车产业的零部件生产和电子产品的组装加工为主。汽车行业和电子行业作为该国的支柱产业，其粗放型发展模式导致该国产业结构低端单一，产品附加值低，产业创新和转型升级难度大，现代化产业体系建设困难重重。培育支柱产业发展优势，促进产业链向高附加值、高技术含量方向延伸，是墨西哥推进现代化产业体系建设的重要方向。

二、巴西

巴西的现代化产业体系指数在 G20 国家中排名靠后，为倒数第二，体现巴西现代化产业体系建设较为落后的现实。从图 5.19 可以发现，巴西在发展方向、发展要求中表现相对较好，但要素投入、综合产出以及生产过程方面表现较差，弱势较为突出。

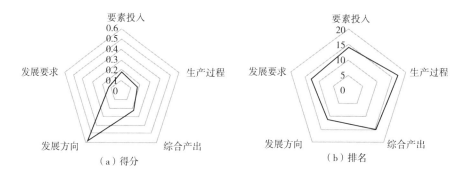

图 5.19　巴西现代化产业体系各指标得分和排名

从具体得分看，巴西发展方向得分 0.5784，排名第 11；发展要求得分 0.1369，排名第 13；要素投入得分 0.1929，排名第 14；综合产出得分 0.2156，排名第 15；生产过程得分 0.1626，排名第 17。综合来看，发展方向和发展要求位列 G20 国家中下游行列，而其余方面的表现更加弱势。与第一梯队相比，巴西在各方面都有较大提升空间，尤其是生产过程方面。

巴西是南美洲最大的国家，拥有丰富的自然资源和广阔的市场潜力。近年来，巴西经济面临挑战，但仍具备良好的发展前景。巴西农牧渔业和制造业是重要的经济支柱，农业产值不断增长，制造业逐步恢复。巴西服务业也具备潜力，但仍须改善基础设施和提升教育水平。

1. 农业产业优势突出，持续高质量发展

巴西的现代农业发展较为突出。巴西在大豆、肉类、糖和咖啡等农产品生产方面具有竞争优势，是全球最大的农产品出口国之一。根据联合国粮食及农业组织（FAO）的数据，巴西是全球最大的大豆和肉类出口国，也是糖、咖啡和橙汁的主要出口国。巴西的农业生产利用了广阔的土地资源和适宜的气候条件，实现了高产量和高质量发展。

2. 缺乏高附加值产品，出口结构单一

根据世界银行的数据，2022 年巴西的货物贸易总额为 6263 亿美元，其中出口额为 3341 亿美元，进口额为 2922 亿美元。巴西的主要出口商品包括大豆、石油、铁矿石、食品和化工产品等。然而，巴西的贸易结构较为单一，主要依赖农产品和大宗商品（占比超过 50%），缺乏高附加值工业产品的出口（由 2010 年的 35% 下降到 2022 年的 25.3%）。2022 年，巴西十大出口产品约占总出口额的一半，而其中没有一个是高科技产品类别。

3. "去工业化"到"再工业化"艰难转型

20 世纪 80 年代，制造业是巴西经济的主要支柱，按现价计算，1985 年制造业占巴西 GDP 的 36%。此后，巴西制造业的发展逐渐丧失了其在全国整体经济中的地位。巴西国家工业联合会（CNI）预测，2001~2021 年，巴西在全球制造业产值中的占比（以美元计）从 2.33% 降至 1.28%，为 1990 年有数据记录以来的最低点。由于巴西的工业经济发展相对较为薄弱，且严重依赖大宗商品贸易，因而极易受大宗商品价格波动的冲击。根据 2020～2021 年《全球竞争力报告》，巴西的制造业竞争力排名为第 71 位，显示出该国在制造业创新、生产效率和技术水平等方面的相对不足。巴西的制造业主要集中在汽车、航空航天和化工等传统行业，缺乏高科技制造业的发展。

卢拉总统就职以来，多次谈及"再工业化"，巴西政商各界将"再工业化"的重点聚焦于芯片、汽车、飞机、军工等高端制造业，石油、生物燃料、农业制造等传统制造业，健康、环保等新兴制造业，而数字、绿色、低碳等成为描述未来"再工业化"特色的高频词。同时，由于劳动力充足，人力成本近年来增长较慢，巴西也可能成为更多轻工产品、生活用品的制造国。

4. 教育、研发投入亟待加强

根据巴西科技与创新部发布的《2022 国家科技创新指标》报告，与 2019 年相比，2020 年巴西研发投入总额下降 8.2%。就研发投入占 GDP 的比例而言，2019～2020 年巴西研发总投入占 GDP 的比例从 1.21% 下降至 1.14%。数据表明，无论是研发投入总额，还是研发投入占 GDP 百分比的发展趋势，巴西都与全球主要经济体（如美国和中国）背道而驰。巴西的教育质量和人力资源短缺也是现代产业体系发展的劣势之一。尽管巴西在高等教育方面取得了一定的进展，但教育质量和技能培训方面仍存在挑战，这可能限制了新兴产业的发展和创新能力的提升。巴西联邦政府正致力于恢复对科学和技术的投资，并投资于战略领域的科技创新项目，为巴西科技的发展创造条件。

三、阿根廷

阿根廷的现代化产业体系指数总体表现在 G20 国家中排名为倒数第一，体现阿根廷现代化产业体系发展相对落后的现实。从图 5.20 可以发现，阿根廷在发展方向、发展要求中表现相对较好，但要素投入、综合产出以及生产过程方面表现较差，弱势较为突出。

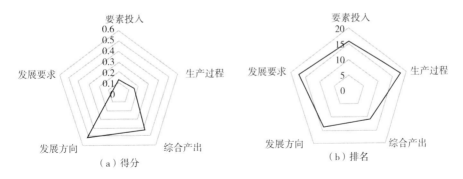

图 5.20 阿根廷现代化产业体系各指标得分和排名

从具体得分看，阿根廷综合产出得分 0.4242，排名第 11；发展方向得分 0.5094，排名第 14；要素投入得分 0.1416，排名第 16；发展要求得分 0.0763，排名第 17；生产过程得分 0.1570，排名第 18。综合来看，阿根廷在综合产出方面位列 G20 国家中游水平，而其余方面的表现排名靠后。与第一梯队相比，阿根廷在各方面都有较大提升空间，尤其是生产过程方面。

阿根廷是南美洲第二大经济体，也是世界农业和畜牧业生产领域的一支重要力量。阿根廷拥有丰富的自然资源和人力资源，但其经济和产业发展却面临着一些挑战。

1. 农业发达，产品单一

阿根廷是世界上最大的大豆和玉米出口国之一，也是世界上最大的牛肉出口国之一。阿根廷的现代农业发展水平相对较高，农业机械化程度较高，农业科技创新能力也有所提高。然而，阿根廷的现代农业发展也面临着一些挑战。首先，阿根廷的农业生产仍然过于依赖大豆等单一农产品，缺乏多样化。这种情况容易导致阿根廷的农业生产受到单一因素的影响，缺乏多元化。与此同时，阿根廷是一个出口型经济体，其国际贸易占 GDP 的比重较高。阿根廷的出口产品主要依赖大豆、玉米、小麦、牛肉等农产品。

2. 工业经济基础薄弱，产业附加值不高

制造业是阿根廷经济的重要组成部分，但发展水平相对较低，其高科技制造业占比较低，技术水平和生产效率有待提高。工业经济主要集中在食品加工、纺织、化工、机械等传统制造领域，结构比较单一，过度依赖某些行业，例如，食品加工业是阿根廷最重要的工业部门之一，据世界银行数据统计，食品加工业占阿根廷制造业增加值的比重超过 30%。在此背景下，阿根廷的工业经济容易受到单一因素的影响，缺乏多元化。当前，阿根廷的先进制造业也在逐渐发展。阿根廷的生物技术、医药等领域的研究和开发能力逐渐提高，这些领域的企业也在逐渐壮大。

3. 教育与研发投入推动科技创新

阿根廷在教育投入方面表现较好，世界银行数据显示，2020 年，其教育支出占 GDP 比重较高，达到了 5.3%。同时，阿根廷拥有一些优秀的高等教育机构，如布宜诺斯艾利斯大学、拉普拉塔国立大学等，这些机构在推动科技创新和人才培养方面发挥了重要作用，使得其在生物技术、医药等领域取得一些优秀成果。

科技投资和研发投入是衡量一个国家科技创新能力的重要指标。阿根廷在这方面的表现并不理想，其科技投资和研发投入占 GDP 比重较低，远低于其他发达国家的水平。根据世界银行的数据，2020 年，阿根廷的研发支出占 GDP 的比重为 0.54%，远低于美国、日本等发达国家的水平。这种情况直接导致阿根廷在高新技术领域的研究和开发能力有限，其科技创新能力有待提高。这也意味着阿根廷在国际市场上的竞争力相对较弱，难以与发达国家竞争。

总结而言，阿根廷的经济和产业发展在某些领域具有明显的优势，但同时也面临不少挑战。要想提升国家整体的产业竞争力和确保经济健康稳定发展，需要政府和私营部门的共同努力，加大科技创新的投入，优化教育资源配置，提高劳动生产率，并开拓更多元化的国际市场。

第六章 结论、政策启示与展望

第一节 结 论

一、现代化产业体系的理论诠释

本报告系统回顾了现代化、产业体系、现代化产业体系等相关文献，全面诠释了现代化产业体系的概念、理论内涵、基本特征及其构成要素。

第一，概念界定。研究发现，现代化产业体系不仅是指一组产业的集合，更是一个复杂系统，是产业发展新型化、产业结构高级化、产业发展集聚化和产业竞争力高端化的综合，是内循环主导双循环新发展格局的基础和支撑，是现代化国家的经济基础与实力标志。

第二，内涵阐释。本报告研究强调了现代化产业体系是现代化国家的物质技术基础，必须把发展经济的着力点放在实体经济上，为实现第二个百年奋斗目标提供坚强的物质支撑。产业体系的现代化是现代化的核心，是决定大国兴衰的关键因素。建设现代化产业体系需要结合国内国际新形势，打造自主可控、安全可靠、竞争力强的产业体系，夯实全面建设社会主义现代化国家的物质技术基础。

第三，特征阐述。本报告系统阐述了现代化产业体系应当具备智能化、绿色化、融合化三个基本特征和完整性、先进性、安全性三个基本要求。智能化要求把握人工智能等新科技革命，实现产业体系智能化转型；绿色化要求实现人与自然和谐共生，推动绿色低碳循环发展；融合化要求提升产业体系整体效能，推动产业门类之间高度协同耦合。完整性体现在保持产业体系的完备和配套能力；先进性体现在高效集聚全球创新要素，自主拓展产业新赛道；安全性体现在实现重要产业链自主可控，确保国民经济循环畅通。

第四，要素解析。本报告全面分析了现代化产业体系的构成要素，包括现代化的工业、农业、服务业和基础设施。现代化的工业是产业体系最重要的基础和核心，现代化的农业是产业体系的重要根基，现代化的服务业是产业体系的重要支撑，现代化的基础设施是产业体系的重要保障。

综上所述，现代化产业体系是实现经济现代化的关键标志，是现代化国家的经济基础与实力标志，建设现代化产业体系需考虑其系统性、现代化特征，以及与之相关的评价理论和实践。

二、现代化产业体系的理论分析框架构建

课题组对现代化产业体系理论框架进行了修正与构建，是在系统论与现代产业系统论的基础上，结合现代化产业体系要求，纳入产业经济学、生态经济学、演化经济学和制度经济学等多学科理论，形成了更为完善和全面的理论体系。修正后的理论框架不仅考虑了产业体系的多样化输出、智能化、绿色化、融合化的发展方向，而且注重产业体系的完整性、先进性和安全性特征，实现了现代化产业体系从传统构成到现代化特征的全面覆盖。

基于这一理论框架，现代化产业体系被设计为一个包含"产业体系子系统"和"现代化发展子系统"的有机整体。产业体系子系统强调的是现代化产业体系的传统构成与发展程度，而现代化发展子系统则聚焦于现代

化产业体系的现代化特征与发展方向。在具体的评估指标体系构建中，课题组既考虑了理论创新与专家评判相结合的原则，也兼顾了指标的代表性与可获得性，同时还遵循了系统整合与独立可比原则，确保了评价体系的科学性和实用性。

通过这一理论框架，课题组可以更全面地评估现代化产业体系的建设水平，考量了产业的经济产出，涵盖了智能化、绿色化、融合化等现代化特征，以及安全性、先进性、完整性等发展要求。这种理论框架的构建，为全球现代化产业体系的发展提供了新的理论指导和实践路径，有助于推动产业体系向更高质量、更高效率、更加绿色和智能化的方向发展，同时确保了产业体系的安全性和可持续性，为全球经济的稳定和繁荣奠定坚实基础。

三、全球现代化产业体系多维度比较

在指标比较分析部分，课题组深入探讨了不同国家在现代化产业体系发展中的各项指标，包括要素投入、生产过程、综合产出、发展方向和发展要求等。通过对这些指标的综合评估，课题组得出了以下五点结论。

第一，在要素投入维度，欧美发达国家展现出强大的优势。美国、韩国、加拿大、德国和英国等国家展现了卓越的资源配置能力，它们在资本、劳动力和科技要素投入上表现出色，其中，美国、加拿大、英国等国的R&D研发支出占GDP比重均达到了3%以上，在科技创新领域投入巨大，这些国家通过合理配置和有效利用资源，为现代化产业体系的发展奠定了坚实基础。相比之下，包括中国在内的一些国家在要素投入方面还存在不足，需要进一步加强教育和培训，提高劳动力素质，同时加大资本积累和技术创新力度。

第二，在生产过程维度，日本、美国、韩国等国通过研发先进技术和优化生产流程显著提升了生产效率和产品质量。其中，日韩两国每百万人

口的专利申请量达到了 500 以上，创新能力十分突出。此外，这些国家通过研发先进技术和优化生产流程，提高了生产效率和产品质量。然而，意大利、土耳其、俄罗斯等处在第三梯队的部分国家则在生产过程中遭遇了产业结构单一、技术创新不足等问题，在每百万人口专利申请数量、政府教育支出占比等指标排名上都较为落后，限制了其现代化进程。这些国家需要加快产业结构调整，加强技术创新，提高生产过程的现代化水平，提高教育支出占比，以适应全球经济发展的需要。

第三，在综合产出维度，英国、美国、中国具有一定的相对优势。英国、美国、中国的全球创新指数都达到了 50 以上，它们通过提高产业创新力和竞争力，实现了较高的经济增长和效益。然而，澳大利亚、巴西、俄罗斯等国家在综合产出上表现不佳，这些国家需要加强产业链上下游合作，提高产业集聚度和协同发展水平，提高生产效率以提升综合产出水平。

第四，在发展方向维度，美国、加拿大、德国在现代化产业体系发展中处于领先地位。美国、加拿大和德国更加注重智能化、绿色化、融合化的发展，其他国家在不同的领域有所优势，但是在整体上仍落后于领先国家。各国应根据自身国情和发展阶段，制定符合实际的现代化产业体系发展策略。同时，各国应关注全球产业变革趋势，加强国际合作与交流，共同推动全球现代化产业体系的发展。

第五，在发展要求维度，各国在构建现代化产业体系的过程中展现出了多样化的路径和特点。一些国家注重发挥自身资源和市场优势，形成了具有特色的现代化产业体系；而另一些国家则面临资源短缺、环境压力等问题，需要在发展中注重可持续性和绿色化。中国作为最大的发展中国家，在智能化、绿色化、融合化三个指标上都具有不错的表现，在发展中国家中处于领先地位。

综上所述，各国在现代化产业体系构建中的指标表现存在显著差异，既有优势也有不足。发达国家如美国、德国、日本在现代化产业体系的多个维度上占据领先地位，而中国作为发展中国家，在要素投入、融合化、发展要求等方面表现优异，成为发展中国家的领头羊。然而，包括印度、巴西、沙特阿拉伯在内的部分国家，在要素投入、安全性、完整性及先进性方面仍须加大努力，提升产业体系的现代化水平。未来，各国需要根据自身实际情况，加强要素投入、优化生产过程、提升综合产出水平，并制定合适的产业发展战略，以应对全球化和技术进步的挑战。

四、梯队划分与国别特征分析

在国别分析部分，根据综合指数测算，G20 国家可以划分为四个梯队。其中，美国在要素投入、生产过程、综合产出、发展方向、发展要求上的得分都位列前三名，以其显著的优势独自位于第一梯队，这反映了美国在现代化产业体系构建上的全面领先。其他国家则分布在第二、第三和第四梯队，显示出各国在现代化产业体系发展上的不同水平和特点。

美国作为全球最大的经济体，其现代化产业体系的发展要求优势极为明显。美国在全球价值链中的地位非常重要，同时其高技术产品双边贸易占 GDP 的比重也非常高。此外，美国在能源安全、能源公平、可持续性上表现优秀，建立了完善的创新体系。这些都表明美国在现代化产业体系的安全性、先进性和完整性方面表现出色，这与其长期以来的经济、科技积累密不可分。

第二梯队包含中国、德国、英国、法国、日本、韩国和加拿大，这些国家在现代化产业体系的发展要求方面表现较好，在不同维度上占据相对优势。例如，中国的高技术产业和新能源产业以及制造业发展迅速，对全球产业链供应链的稳定起到了重要作用，创新能力也持续增强，是唯一进入前 15 名的发展中国家。德国作为欧洲的制造业强国，其工业 4.0 战略引领了全球制造业的转型升级。英国、法国、日本和韩国在科技创新和高端制造业方面也有很强的实力。加拿大则在能源和矿产资源方面具有优势。

第三梯队国家的发展要求得分较低，产业体系在安全性、完整性和先进性方面存在一定的挑战。例如，意大利在制造业方面有一定的实力，但在科技创新和高端制造业方面仍需加强。俄罗斯在资源与能源方面具有优势，但在现代化产业体系的构建上仍需努力。澳大利亚、印度和土耳其则在努力加快产业体系转型升级。

第四梯队国家的发展要求得分最低，产业体系缺乏安全性、完整性和先进性。这些国家大多属于发展中国家，面临着资源短缺、技术落后、产业结构单一等问题。为了提升自己的产业竞争力，这些国家需要加大科技创新和产业升级的力度，积极参与全球产业链供应链的合作与竞争。

通过对不同国家的国别分析，可以明显看出各国在现代化产业体系的发展阶段上存在差异。发达国家如美国、德国等已经形成了高度成熟和先进的现代化产业体系，而发展中国家如印度、巴西等则还在努力构建和完善自身的产业体系。各国的产业结构也呈现出显著的差异。一些国家以重工业或高新技术产业为主导，如中国和韩国；而另一些国家则可能更注重服务业或农业的发展，如英国和法国。各国的创新能力也存在一定的差异，创新能力是决定一个国家现代化产业体系发展水平的关键因素。通过对比分析，课题组发现创新能力强的国家如美国和德国，在现代化产业体系的发展上更具优势。

五、中国现代化产业体系的比较优势与相对劣势

第一，在要素投入维度，中国的提升潜力较大。中国是世界第二人口大国，拥有庞大的劳动力市场，人口基数大，潜在的劳动力资源非常丰富。近年来，随着中国在教育和培训方面的投入增加，劳动力的整体综合素质在不断提高。但是相比于美国、韩国、加拿大、德国和英国等国，中国在资本和科技要素的投入上存在差距，尤其是在外商直接投资流入、R&D 研发投入和政府教育支出等方面与欧美发达国家还存在着一定差距，说明中国目前在科技创新与研发上的投入还不够，并且对外资的投资环境还有待优化提高。中国目前的劳动力素质虽然有所提升，但在高技能人才的培养和吸引方面仍有待加强。

第二，在生产过程维度，中国近年取得了较为显著的进步。中国在智能制造、绿色制造等领域取得了较大的进展，特别是在5G、数据中心等新型基础设施建设方面。中国的高技术产业和新能源产业发展迅速，特别是在光伏组件、风力发电机等清洁能源装备领域，中国占据了全球市场份额的70%。新能源汽车年销量连续8年位居全球第一，显示了中国在绿色化方向上的领先地位。近年来，中国国家创新指数不断提升，在2023年位列第10名，较上年进步了3名，这反映出中国在科技创新和高端制造业方面取得了显著进展。生产过程中的技术创新和优化相较于日本、美国、韩国等国仍有不足。在每百万人口的专利申请量这一指标上，中国远远落后于欧美发达国家，说明中国在专利申请的密度和创新能力方面仍有提升空间。产业结构仍需进一步优化，需要减少对低端制造业的依赖，提升整体生产效率和产品质量。

第三，在综合产出维度，中国在综合产出方面表现优异，位居全球前列。根据本报告，中国在综合产出的评价中得分位居第2，仅次于美国，这表明中国现代化产业体系的运行效率高，特别是在高技术产业和新能源产业方面。中国制造业产值高，对全球产业链供应链的稳定性贡献巨大。中国在GDP增长率方面，与土耳其、阿根廷、印度等国处于第一梯队，显示出中国现代化产业发展成果显著。在全球创新指数方面，中国与美国、英国、韩国、德国、法国、日本处于第一梯队，显示出中国在创新能力和创新成果方面的突出表现。

与美国相比，中国在生产过程和综合产出方面仍有提升空间，尤其是在产业链的高端环节和创新产出上，相关重要产业链的原材料对进口的依赖程度仍然较大，若遭遇欧美国家的贸易制裁，对产业链的影响是极具破坏性的。产业链的转型之路也面临着重重困难与挑战,中国目前存在严重的产能过剩问题,必须加快供给侧结构性改革,向高端化进行转型升级。

第四,在发展方向维度,中国在现代化产业体系的智能化、绿色化和融合化三个维度上,在全球已经处于第一梯队的位置。特别是在5G、数据中心等新型基础设施建设和智能制造领域,已经处于世界领先行列。中国正致力于提升产业体系的先进性,通过大力发展智能制造和绿色制造,扩大高质量产品和服务的供给,与传统产业进行融合发展,增强产业核心竞争力。此外,中国的光伏组件、新能源汽车的飞速发展也体现出了中国在绿色低碳技术领域的领导力。

尽管中国在国家创新指数排名中逐年提升,但与美国等科技强国相比,中国在原创性科研成果、核心技术研发和高端产业领域的创新能力仍有差距,一些地区和产业仍面临高污染和高能耗的问题,反映出在某些行业绿色水平仍有待提升。整体产业结构仍存在不平衡的现象,部分传统行业和区域的产业结构调整与升级速度较慢,影响了整体产业体系的融合化水平。

第五,在发展要求维度,中国在发展中国家中处于领先地位。中国在保持产业链供应链的韧性方面表现良好,特别是在全球疫情期间,中国的制造业和供应链显示出相对较强的稳定性,对全球产业链的稳定起到了重要作用,高科技产业的崛起也凸显了中国在智能化和绿色化上的领先地位。

尽管中国在供应链韧性上有一定优势,但仍然存在对外部市场的依赖,特别是在关键技术和核心部件上,如半导体和高端制造设备,容易受到国际形势变化的影响。此外,高科技产业的快速发展也使得中国的品牌效应不如欧美发达国家,得到国际的认可仍需要一定时间,低端制造业向高精尖技术领域行业转型也面临着一定的挑战。高端服务业与发达国家相比仍有差距,服务贸易逆差较大,服务业的国际竞争力有待提升。

综上所述,中国在现代化产业体系的构建中展现了其独特的优势,尤其是在制造业规模、新能源产业和产业链完整性方面。然而,中国仍需在技术创新、产业链高端化、能源安全和环境保护等方面做出更多努力，以提升其产业体系的竞争力和可持续性。

第二节　政 策 启 示

　　现代化产业体系的发展具有阶段性和层次性，各国应依据自身国情和产业体系的发展阶段制定适宜的战略。发达国家可深化创新驱动，保持原有优势产业，推进高端化、智能化产业升级；发展中国家宜加强产业转型升级和国际合作，加速自身发展。总之，各国应结合自身特点，灵活调整发展策略，加强国际合作，重视可持续性，以构建适应未来挑战的现代化产业体系。本报告针对中国和其他国家分别提出建议及启示。

一、推进中国现代化产业体系建设的政策启示

1. 政府视角

　　中国的现代化产业体系建设进程正在稳步推进，但是目前在几个领域上与欧美发达国家仍存在着不小的差距。因此，中国政府应在短板领域加快突破，同时也要顺势而为，在优势领域做大做强。

　　第一，要加快发展先进制造业集群。完善政策体系，出台一系列政策措施，如财税优惠、土地使用优惠等，以吸引更多企业入驻集群，并提供产业发展所需的政策支持。加强区域协同，引导各地发挥比较优势，形成错位发展、优势互补的先进制造业集群格局，避免低水平重复建设和无序竞争；培育核心企业，支持核心企业发挥引领作用，增强本土企业品牌效应，带动上下游企业协同发展，形成完整的产业链布局；积极引进国内外知名制造业企业入驻集群，提升集群整体竞争力；统筹推进传统产业改造升级和新兴领域产业培育壮大，推动高端化、智能化、绿色化转型，壮大

优质企业群体，加快建设现代化产业体系。

第二，要加大力度支持科技型企业融资。政府可以引导金融机构根据科技型企业不同发展阶段的需求，提供全生命周期的多元化接力式金融服务。特别是要关注初创期科技型企业，加快形成以股权投资为主、"股贷债保"联动的金融服务支撑体系；鼓励金融机构创新金融产品，如针对科技型企业特点设计的知识产权质押贷款、股权质押贷款等，以满足其多样化的融资需求；制定和完善针对科技型企业的税收优惠政策，如降低企业所得税税率、延长研发费用税前加计扣除期限等，减轻企业税负；进一步增加对科研活动的资金支持，特别是在基础研究和应用研究方面，以促进更多原创性科研成果的产生；建立更加紧密的合作机制，加速科技成果向现实生产力转化，支持企业与高校、研究机构的合作。

第三，要加强教育培训提高劳动力素质。进一步优化发展多层次的职业教育体系，包括中等职业教育、高等职业教育以及成人继续教育。针对新兴产业的需求，设计和提供相应的技能培训课程，促进校企合作，让教育内容更加贴近实际工作需求；提高教育质量，投资于教育基础设施建设和师资队伍建设，更新教学方法，采用更多实践性和项目导向的学习方式；推广终身学习理念，建立灵活多样的继续教育和终身学习机制，鼓励在职人员参与进修培训，以适应快速变化的技术环境；支持高等教育发展，扩大高等教育的规模，提高高等教育的普及率，支持科研机构和大学进行技术创新和研发活动，鼓励跨学科研究，促进知识创新和技术转化；要促进国际合作，与其他国家和地区在教育领域建立合作关系，引进先进的教育理念和技术，鼓励学生和教师进行国际交流，拓宽视野，增强国际竞争力。

第四，要推进行业绿色低碳转型。加大财政资金支持，政府应加大对碳达峰碳中和工作的财政支持力度，优化财政支出结构，确保资金分配突出对重点行业领域的保障力度，提高资金政策的精准性；设立专项基金，研究设立国家低碳转型基金，以支持传统产业和资源富集地区的绿色转型，鼓励社会资本以市场化方式设立绿色低碳产业投资基金，扩大资金来源，促进绿色低碳项目的实施；完善绿色发展的政策体系，推动能耗"双控"向碳排放总量和强度"双控"转变，完善减污降碳激励约束政策，加快形成绿色生产生活方式。发展循环经济，推进资源节约集约利用，推动重点领域节能降碳，促进资源循环再生利用；加强国际合作，积极参与全球环境治理和应对气候变化合作，推动绿色低碳技术、标准和产业的国际合作与交流。

2. 企业视角

第一，要提升自主创新能力。作为企业来说，在面对发达国家对我国的科技封锁日益严格的大背景下，自主创新成为企业生存和发展的关键。企业应加大研发投入，聚焦关键核心技术领域进行攻坚克难，努力打破国外技术垄断。通过自主研发和创新，提升企业在全球产业链和价值链中的地位。此外，企业应注重产学研用深度融合，建立以企业为主体、市场为导向的科技创新体系。通过与高校、科研机构等合作，共同开展前沿技术研发和应用基础研究，促进科技成果转化和应用。同时，加强基础设施建设，为科技创新提供良好的环境和支撑。

第二，应提升品牌影响力和国际竞争力。中国企业应加强品牌建设，提升产品质量和服务水平，增强中国品牌在国际市场上的影响力和竞争力。企业应明确品牌建设的重要性，制定并实施品牌战略。通过品牌战略，企业可以系统地提升品牌资产，降低营销推广成本，并使资源得到更合理的利用。同时，品牌战略还有助于提高企业在市场中的地位和增强市场竞争力。在全球化背景下，企业应将视野扩大到国际市场。通过了解海外市场需求和文化差异，制定针对性的市场策略，提高品牌在海外市场的渗透率和占有率。此外，还可以寻求与国际知名企业的合作机会，共同打造具有国际影响力的中国品牌。

第三，要促进产业链向高端化转型。企业应紧跟数字化浪潮，积极拥抱新技术，加快数字化转型步伐。通过数字化手段提升生产效率、优化管理模式、创新业务模式，提高企业核心竞争力。通过引入互联网、大数据、人工智能等技术，对现有的传统业务流程进行数字化改造和智能化升级，提升业务处理效率和质量。利用大数据分析技术，为企业决策提供更加精准、全面的数据支持，助力企业实现精准决策，实现与现代化产业建设和新质生产力的深度融合，推动企业实现高质量发展，促进产业链向高端化转型。

二、对全球其他国家现代化产业体系建设的政策启示

1. 强化科技创新与发展高新技术产业

创新是推动现代化产业体系发展的关键驱动力。美国和德国等发达国家在原有基础上应进一步加强其创新体系，通过持续增加科研投入、支持高科技企业和初创企业发展，以及深化产学研合作，维持其在高科技产业和新兴技术领域的全球领先地位。例如，美国可以继续在其强大的科研机构和大学体系基础上，加强与高校的共享合作，推动跨学科研究和技术创新，以稳固其在人工智能、生物科技和量子计算等前沿领域的主导地位。而印度、俄罗斯、南非等作为发展中国家中的佼佼者，应当继续加大对科技创新的扶持，通过设立专项基金和提供税收优惠，激励企业进行自主创新，加快关键核心技术的突破，推动生产力的发展。

2. 优化产业结构与升级产业链

全球各国应根据自身资源禀赋和产业基础，制定适合的产业结构调整策略，推动产业链向高端化、智能化和绿色化方向升级。中国、韩国等国家在高技术产业和新能源产业方面已取得一定成就，应进一步深化产业链整合，加强上下游协作，提升产业链整体竞争力。同时，通过政策引导，促进传统产业升级改造，比如钢铁、化工等重工业向绿色、高效方向转型。而对于像印度、巴西等面临资源和环境压力的发展中国家，则需要在产业发展中更加注重可持续性和环境友好型技术的应用，如推广清洁能源和循环经济发展，以实现绿色增长。

3. 加强国际合作与共享资源

在全球化背景下，各国应加强产业合作与交流，共同应对挑战，共享资源、技术和市场。美国、德国等发达国家可与其他国家分享其在智能制造、绿色能源和数字技术等方面的先进经验，帮助提升全球产业链的整体水平。同时，发展中国家应积极寻求与发达国家的合作，通过技术转让、联合研发和产业联盟等形式，加速本国产业的现代化进程。例如，印度可以与日本、德国等国合作，引进先进制造技术和管理经验，提升本国制造业的竞争力。

4. 促进可持续发展与绿色转型

构建现代化产业体系时，必须兼顾环境保护和可持续发展目标。各国应推广清洁能源、发展循环经济，减少对化石燃料的依赖，降低碳排放，实现产业与环境的和谐共生。比如，德国和丹麦等国在风能、太阳能等可再生能源领域的成功经验，可以为其他国家提供借鉴。此外，通过制定绿色政策和标准，鼓励企业采用环保技术和清洁生产方式，也是实现产业绿色转型的有效手段。

总之，各国在构建现代化产业体系的过程中，应根据自身的实际情况和发展阶段，制定相应的发展战略和政策措施，加强科技创新和产业升级，提高国家的整体竞争力和可持续发展能力。同时，各国之间应加强合作与交流，共同推动全球经济的繁荣和发展。

第三节　讨论与展望

一、研究创新

1. 研究对象聚焦 G20 国家

G20 是一个由主要发达经济体和新兴市场国家组成的国际经济合作论

坛。在政治层面，G20 涵盖了世界上主要的经济体，包括发达国家和发展中国家，它们共同占据了全球 GDP 的 80% 以上。G20 国家的集体行动有利于推动多边主义，尤其是在国际金融、贸易规则的制定和改革中。研究这些国家的现代化产业体系并提出建议，有助于维护以规则为基础的国际秩序，确保全球治理体系的公正性和有效性。在经济层面，G20 国家的经济总量庞大，对全球经济活动具有决定性影响。研究这些国家的现代化产业体系，可以深入了解全球产业趋势、市场动态和经济政策导向，为全球经济增长和经济复苏提供指导。G20 国家也是全球供应链的主要参与者，对全球商品和服务流动起着至关重要的作用。通过分析这些国家的产业体系，可以评估和促进全球供应链的韧性，减少贸易摩擦，提高经济效率。在文化层面，G20 国家中的许多国家拥有蓬勃发展的创意和文化产业，这些产业不仅是经济增长的源泉，也是文化表达和传播的平台。研究这些产业的发展模式和政策，可以为全球文化产业发展提供借鉴。综上所述，选择 G20 国家为研究对象，不仅能够全面反映全球经济的重要动态，还能通过对比分析 G20 国家在现代化产业体系建设中的成功经验和存在的问题，可以为其他国家提供宝贵的经验教训，同时也能预测未来产业发展的趋势，为政策制定和企业战略规划提供前瞻性的指导。

2. 理论框架的创新性

首先，课题组修正了传统的现代产业系统论，不再局限于社会财富的增加，而是强调了产业体系输出端的多样化，将效率提升和现代化特征纳入考量，这反映了新时代对经济可持续性和现代化发展的更高要求。

其次，基于演化经济学视角，报告强调了产业之间的相互交融对产业演化的重要性，认为产业发展的完整性和融合性是现代化产业体系进行演化的重要基础，因此，课题组在理论框架中增加了"融合化"和"完整性"作为二级指标。而且，课题组聚焦现代化产业体系的发展背景，强调了在当前复杂的国际环境下，现代化产业体系建设需要强调韧性建设和安全性。

因此，理论框架中增设了"安全性"作为二级指标，体现了课题组对产业体系抗风险能力和制度环境稳定性的重视。

最后，课题组引入了"产业体系子系统"和"现代化发展子系统"的划分，前者关注产业体系的传统构成与成熟度，后者则专注于刻画产业体系的现代化特征和发展方向，这种区分使评估更为精准和全面。

3. 指标分析的科学性

在构建指标体系时，课题组采用了系统论和现代产业系统论，构建了包含产业体系子系统和现代化发展子系统的理论分析框架，每个子系统下设多个二级指标，覆盖了要素投入、生产过程、综合产出、发展方向和特征等关键方面，体现了系统的完整性和逻辑的连贯性，这种全面的指标体系确保了评估结果的准确性和可靠性，使得本报告在评估 G20 国家的现代化产业体系时能够覆盖更多的维度和层面。在指标比较分析部分，课题组不仅对比了 G20 国家在要素投入和生产过程等方面的差异，还对其他关键要素如技术创新、市场结构、政策环境等进行了深入分析。这种深入的比较分析有助于揭示 G20 国家现代化产业体系的优势和不足，为各国制定产业政策和发展战略提供了有价值的参考。

4. 决策参考的应用价值

本报告的研究成果不仅具有一定的理论价值，还具有较好的决策参考价值。通过对 G20 国家现代化产业体系的评估和分析，将帮助政府和政策制定者了解全球产业体系的发展趋势，以及不同国家和地区的现代化水平。基于报告的分析，政策制定者可以设计更精准的产业政策，引导产业升级，促进经济结构调整，尤其是在推动智能化、绿色化和融合化发展方面。对于产业规划者来说，报告的分析框架和评价指标体系为他们提供了评估产业成熟度和潜力的工具，有助于识别产业的优势和短板，制定有针对性的产业发展策略。报告强调了产业的完整性、先进性和安全性，这对于构建完整的产业链和增强产业竞争力至关重要。从学术角度来看，报告的理论框架和创新点为产业经济学、生态经济学、演化经济学等领域提供了新的研究方向和案例。教育机构可以将报告的内容融入课程，帮助学生理解现代化产业体系的复杂性和多维性，培养未来的产业领导者和创新者。

二、研究不足

本报告在深入分析现代化产业体系的基础上，不仅修正和完善了理论框架，构建了全面细致的评估指标，还特别强调了智能化和产业先进性的重要性。然而，随着全球经济的不断发展与变化，技术创新、产业创新日新月异，本报告仍有以下不足。

第一，数据的时效性有待增强。由于数据收集和整理需要一定的周期，相关研究耗时较长，报告中使用的数据可能无法反映最新的市场动态和政策变化，特别是在快速发展的行业和技术领域，数据的时效性对分析结果的准确性和相关性至关重要。这可能影响分析结果的时效性和准确性。

第二，案例分析有待补充。课题组在本报告中更多进行的是定量分析，多是基于数据来进行横向比较。课题组可以补充相关的案例，为报告中的理论或假设提供实践支撑，辅助读者理解这些理论在真实世界中的应用情况和有效性。理论分析若缺乏实际案例作为佐证可能显得抽象和空泛，难以体现其在解决实际问题中的价值。案例分析可以通过具体事例证明报告中的观点和结论，若缺乏这些支持，报告的说服力和可信度可能会受到影响，读者可能对报告的结论持怀疑态度。

第三，研究方法有待改进。囿于指标的可量化性和数据的可获得性，本报告指标体系的构建虽然基于理论创新和专家评判，但可能缺乏对新兴领域和非常规指标的敏感性，特别是那些难以量化但对现代化产业体系有一定影响的指标，如科技创新的氛围、创新接受程度等。再则，指数构建通常基于过去的数据，难以预测未来趋势或捕捉快速变化的产业环境。对于新兴产业或技术的评估可能滞后，因为这些领域的数据收集和指标设定往往较为困难。

三、研究展望

第一，研究对象的进一步拓展。未来课题组可以扩大研究对象的范围，聚焦不同的国家集团，如金砖国家、东盟国家、非洲联盟成员国。金砖国家（BRICS）包括巴西、俄罗斯、印度、中国和南非等新兴市场国家，这些国家在经济规模、自然资源和市场潜力上各有特色，研究它们的现代化产业体系可以提供发展中国家如何利用自身优势推动产业体系现代化的生动案例。东南亚国家联盟（ASEAN）成员国家在地理位置、人口规模和经济增长方面展现出巨大的潜力，探索这些国家的产业现代化路径，特别是如何通过区域合作提升整体竞争力，也具有很强的现实意义。此外，也可以聚焦中国各省份以及全球主要城市之间的现代化产业体系差异。中国各省份的经济发展水平和产业特色差异显著，研究不同省份的现代化产业体系，可以揭示地方政策、资源禀赋和区域合作对产业现代化的影响。聚焦于全球主要城市，如纽约、东京、上海、伦敦等，分析城市现代化产业体系如何适应全球化、数字化和可持续发展的要求，可以为城市规划和产业升级提供实证案例。

第二，分析框架的进一步完善。本报告可以在现有理论分析的基础上，进一步补充更多前沿的经济学、管理学理论，以丰富理论分析框架的理论支撑。并实时关注整合学术界关于现代化产业体系的最新研究成果，确保分析框架的前沿性和科学性。在指标体系的构建上，进一步细化和优化指标体系，确保指标的全面性和代表性，同时考虑引入更多定性指标，如政策环境、产业链韧性等。除G20以外的国家，尤其是新兴市场和发展中国家，课题组可以进行更详尽的分析，以提供全球视角。深入挖掘具体国家或行业的成功案例和失败教训，提炼出具有普适性的模式和经验。在未来，课题组还可以加入预测模型，例如 ARIMA 模型，用于预测产业发展的未来趋势和市场变化。

第三，研究方法的进一步改进。本报告更多运用的是基于历史数据对 G20 各国现代化产业体系的定量分析，基于具体案例的分析比较缺乏。在未来，课题组可以对选定的案例进行更深入的纵向研究，探讨其历史背景、政策演变、行业动态、企业战略等多方面因素，使用理论分析、叙事分析等定性研究方法，结合定量数据，进行深度剖析，以此来具体分析其成功或失败的原因。同时也可以引入多案例进行比较研究，通过对比分析不同国家或地区在相同或相似产业上的现代化进程，识别其中的共性与差异，这有助于提炼出更具有普遍性和可移植性的经验教训。

参 考 文 献

［1］北京金融科技产业联盟．金融科技研究国际跟踪：英国金融科技产业调查报告［R］．2021．

［2］常绍舜．从经典系统论到现代系统论［J］．系统科学学报，2011，19（3）：1 - 4．

［3］陈展图．中国省会城市现代产业体系评价［J］．学术论坛，2015（1）：83 - 87．

［4］范合君，何思锦．现代产业体系的评价体系构建及其测度［J］．改革，2021（8）：90 - 102．

［5］高雅．第一财经：德国重磅智库：缺人、缺气、缺材料，德国经济正步入衰退［EB/OL］．［2022 - 08 - 03］https：//www．yicai．com/news/101494088．html．

［6］顾新华，顾朝林，陈岩．简述"新三论"与"老三论"的关系［J］．经济理论与经济管理，1987（2）：71 - 74．

［7］光明日报．以科技创新促进产业体系的完整性先进性安全性［EB/OL］．新华网，2024 - 06 - 03．https：//www．xinhuanet．com/politics/20240603/0ea8e17483f84cfaa4789cfb42a0dee7/c．html．

［8］郭诒遂，于鸣燕．江苏现代产业体系评价模式及构建路径研究［J］．中国经贸导刊，2020（12）：47 - 49．

［9］韩保江，李志斌．中国式现代化：特征、挑战与路径［J］．管理

世界，2022，38（11）：29－43.

[10] 韩平，时昭昀. 基于 Cite Space 的中国现代产业体系与现代化产业体系研究综述 [J]. 对外经贸，2023（7）：19－23.

[11] 贺俊，吕铁. 从产业结构到现代产业体系：继承、批判与拓展 [J]. 中国人民大学学报，2015（2）：39－47.

[12] 胡林元，徐婕，邓大胜. 我国 R&D 经费投入规模、强度的比较研究 [J]. 今日科苑，2020（8）：27－38，76.

[13] 胡西娟，师博，杨建飞. "十四五"时期以数字经济建设现代化产业体系的路径选择 [J]. 经济体制改革，2021（4）：104－110.

[14] 黄汉权，盛朝迅. 现代化产业体系的内涵特征、演进规律和构建途径 [J]. 中国软科学，2023（10）：1－8.

[15] 黄平，李奇泽. 镜鉴：英国工业因何衰落和空心化 [EB/OL]. 瞭望，2021－06－22，https：//www. qianzhan. com/analyst/detail/329/210622－49d1006b. html.

[16] 黄阳华. 德国"工业4.0"计划及其对我国产业创新的启示 [J]. 经济社会体制比较，2015（2）：1－10.

[17] 贾根良. 演化经济学导论 [M]. 北京：中国人民大学出版社，2015.

[18] 李勇坚，张海汝. 中国式现代化视域下的现代产业体系构建研究 [J]. 企业经济，2022，41（12）：5－14.

[19] 李愿. 试论现代系统论对整体与部分范畴的丰富和发展 [J]. 中央民族大学学报（社会科学版），1999（1）：99－107.

[20] 联合国可持续发展行动的回顾与展望 [J]. 中国人口·资源与环境，2012，22（4）：1－6.

[21] 瞭望. 镜鉴：德国"产业强国"道路上的得与失 [EB/OL]. [2021－06－18]. https：//lw. xinhuanet. com/2021－06/18/c_1310010269. htm.

［22］林木西，王聪．现代化产业体系建设水平测度与区域差异研究 ［J］．经济学动态，2022，742（12）：23 – 36.

［23］刘冰，王安．现代产业体系评价及构建路径研究：以山东省为例 ［J］．经济问题探索，2020（5）：66 – 72.

［24］刘朝煜，周之瀚，黄桂田．竞争环境，制造业创新与集约化生产 ［J］．经济与管理研究，2022，43（6）：13 – 32.

［25］刘珊珊．"一带一路"对沿线国家可持续发展的影响效应——基 于双重差分模型的实证检验［J］．华东经济管理，2022，36（1）：42 – 52.

［26］刘伟，范欣．以高质量发展实现中国式现代化 推进中华民族伟大 复兴不可逆转的历史进程［J］．管理世界，2023，39（4）：1 – 16.

［27］刘伟．中国式现代化的本质特征与内在逻辑［J］．中国人民大学 学报，2023，37（1）：1 – 18.

［28］刘晔，辛月季，吴意云，王庆喜．信息网络建设与跨地合作创新 ［J］．浙江大学学报（人文社会科学版），2025（6）.

［29］刘钊．现代产业体系的内涵与特征［J］．山东社会科学，2011， 189（5）：160 – 162.

［30］刘振中．如何认识现代化产业体系来源［N］．经济日报，2023 – 02 – 14.

［31］罗胤晨，李颖丽，文传浩．构建现代生态产业体系：内涵厘定、 逻辑框架与推进理路［J］．南通大学学报（社会科学版），2021（3）： 130 – 140.

［32］骆玲，史敦友．工业绿色化：理论本质，判定依据与实践路径 ［J］．学术论坛，2020，43（1）：109 – 116.

［33］［美］冯·贝塔朗菲．一般系统论：基础、发展和应用［M］．林 康义，魏宏森等译．北京：清华大学出版社，1987.

［34］宓泽锋，邱志鑫，尚勇敏，等．长三角区域创新集群的技术创新

联系特征及影响探究——以新材料产业为例 ［J］. 地理科学，2022，42
（9）：1522 -1533.

［35］宓泽锋，曾刚. 本地知识基础对新兴产业知识流动的影响——以
中国燃料电池产业为例 ［J］. 地理学报，2021，76（4）：1006 -1018.

［36］邱霞，原磊. 统筹发展与安全的理论内涵与实践路径 ［J］. 中国
井冈山干部学院学报，2023（6）：25 -32.

［37］人民日报. 加快建设现代化产业体系的基本要求和重点任务 ［N/
OL］. 2023 -06 -01. http：//www. npc. gov. cn/npc/c30834/202306/f5376f89
527342af88494c9a6540c4e1. shtml.

［38］任保平，张倩. 新时代我国现代化产业体系建设的工业化逻辑及
其实现路径 ［J］. 江苏行政学院学报，2020（1）：42 -48.

［39］芮明杰. 构建现代产业体系的战略思路、目标与路径 ［J］. 中国
工业经济，2018，366（9）：24 -40.

［40］尚勇敏，宓泽锋. 低碳技术创新合作对绿色经济增长的影响
［J］. 中国人口·资源与环境，2023，33（10）：135 -145.

［41］盛朝迅. 建设现代化产业体系的瓶颈制约与破除策略 ［J］. 改
革，2019（3）：38 -49.

［42］苏东水. 产业经济学（第四版）［M］. 北京：高等教育出版
社，2015.

［43］孙新章. 联合国可持续发展行动的回顾与展望 ［J］. 中国人口·
资源与环境，2012，22（4）：1 -6.

［44］王传智.“配第 -克拉克定理”悖论的经验与理论分析——兼论中
国特色社会主义工业化道路发展方向 ［J］. 经济学家，2023（9）：36 -44.

［45］王薇. 企业环境责任与政府补助——基于寻租视角的分析 ［J］.
财经问题研究，2020（11）：100 -108.

［46］吴小节，马美婷，汪秀琼. 智能制造研究述评 ［J］. 研究与发展

管理，2023，35（6）：32 - 45.

[47] 吴意云，刘晔，朱希伟．产业集群发展与企业生产效率——基于扩展 DO 指数的分析 [J]．浙江学刊，2020（5）：115 - 123.

[48] 习近平．习近平主持召开二十届中央财经委员会第一次会议 [EB/OL]．2023 - 05 - 05. https：//www. gov. cn/yaowen/2023 - 05/05/content_5754275. htm.

[49] 相养谋，李乃华．现代产业系统论 [J]．山西大学学报（哲学社会科学版），1986（1）：1 - 8.

[50] 徐维祥，张筱娟，刘程军．长三角制造业企业空间分布特征及其影响机制研究：尺度效应与动态演进 [J]．地理研究，2019，38（5）：1236 - 1252.

[51] 徐维祥，郑金辉，周建平，等．资源型城市转型绩效特征及其碳减排效应 [J]．自然资源学报，2023，38（1）：39 - 57.

[52] 徐维祥，周建平，刘程军．数字经济发展对城市碳排放影响的空间效应 [J]．地理研究，2022，41（1）：111 - 129.

[53] 徐维祥，周建平，周梦瑶，等．数字经济空间联系演化与赋能城镇化高质量发展 [J]．经济问题探索，2021（10）：141 - 151.

[54] 叶瑞克．从补贴推动到内源驱动：中国新能源汽车产业的转型发展 [M]．杭州：浙江大学出版社，2023.

[55] 叶瑞克，江紫婷，钟诗宇，等．新贸易保护主义视角下中国新能源汽车产业链安全风险传导与防范 [J]．油气与新能源，2024，36（4）：1 - 11.

[56] 叶瑞克，林辰霞，江紫婷，等．数字经济赋能生态产品价值实现机制研究 [J]．环境经济研究，2024，9（3）：11 - 29.

[57] 叶瑞克，宓泽锋，刘珊珊，等．数字经济学 [M]．杭州：浙江大学出版社，2025.

[58] 叶瑞克，倪维铭，王钰婷，等．新能源汽车推广应用的"内源驱

动"转型发展——十二个示范试点城市的定量评估 [J]. 软科学，2022，
36（4）：23 – 29.

[59] 叶瑞克，吴慧婷，胡安，等. 高质量发展与"两山"转化：测度
及时空演进 [J]. 生态环境与保护（中国人民大学复印报刊资料），2023
（11）：11 – 23. [原载：生态经济，2023，39（5）：211 – 221.]

[60] 叶瑞克，吴佩窈. 数字贸易的城市碳减排效应及创新驱动机制——
基于国家电子商务示范城市的准自然实验 [J]. 商业研究，2025，68（2）：
72 – 83.

[61] 叶瑞克，钟诗宇. 数字经济、知识产权保护与现代化产业体系
建设——基于中国 278 个城市的实证研究 [J]. 经济学动态，2024（7）：
57 – 74.

[62] 叶瑞克，朱方思宇，范非，等. 电动汽车共享系统（EVSS）研
究 [J]. 自然辩证法研究，2015，31（7）：76 – 80.

[63] 尹希果，魏苗苗. 科技金融投入、数字化转型与新旧动能转换——
基于制度环境视角 [J]. 统计与决策，2023，39（23）：150 – 155.

[64] 于晓琳，石军伟，万凯. 知识的力量：基础研究与区域技术创新
[J]. 科学学与科学技术管理，2023，44（12）：68 – 85.（CSSCI）

[65] 余新创，刘泉红. 发挥我国产业体系配套完整的供给优势 [N].
学习时报，2024 – 06 – 05.

[66] 袁永，陈丽佳，王子丹. 英国 2017 产业振兴战略主要科技创新
政策研究 [J]. 科技管理研究，2018，38（13）：53 – 58.

[67] 张冀新. 城市群现代产业体系的评价体系构建及指数测算 [J].
工业技术经济，2012（9）：133 – 138.

[68] 张晓宁，顾颖. 陕西现代产业发展新体系的测量、评价与构建研
究 [J]. 西安石油大学学报（社会科学版），2015（3）：12 – 19.

[69] 张于喆，郑腾飞，盛如旭. 论现代化产业体系的核心要义 [J].

开放导报，2023（4）：7－16.

［70］赵昌文，等. 建设产业新体系研究［M］. 北京：中国发展出版社，2017：1－5.

［71］郑金辉，陈海娜，徐维祥，等. 数字金融、创新创业效应与区域经济增长——基于规模与质量视角的分析［J］. 统计与决策，2024，40（3）：145－150.

［72］郑金辉，徐维祥，陈希琳，刘程军. 长江经济带多维产业结构对资源环境承载力影响的空间效应［J］. 长江流域资源与环境，2023，32（1）：1－13.

［73］郑金辉，徐维祥，刘程军. 数字金融、企业家精神与长三角民营实体经济高质量发展［J］. 财经论丛，2023（5）：47－56.

［74］中国企业报. 德国"工业4.0"战略全解析［EB/OL］. ［2019－08－20］. http：//www. chinapower. com. cn/informationjzqb/20190820/1284163. html.

［75］中国式现代化研究课题组. 中国式现代化的理论认识、经济前景与战略任务［J］. 经济研究，2022，57（8）：26－39.

［76］周建平，刘程军，徐维祥，等. 电子商务背景下快递企业物流网络结构及自组织效应——以中通快递为例［J］. 经济地理，2021，41（2）：103－112.

［77］周建平，刘程军，徐维祥，等. 中国新型城镇化与城市医疗资源空间适配性研究［J］. 地理科学，2021，41（7）：1168－1177.

［78］周建平，徐维祥，郭加新. 城市知识创新网络对新质生产力形成的影响研究［J］. 科研管理，2025，46（2）：53－63.

［79］周建平，徐维祥，郭加新. 政府产业引导对城市"生态—文化—旅游"融合的影响——基于供给侧与需求侧政策协同的视角［J］. 自然资源学报，2025，40（4）：992－1011.

［80］周建平，徐维祥，刘程军，等. 中国城市数智化转型对产业现代

化的影响 [J]. 经济地理，2024，44（7）：117 – 125.

[81] 周建平，徐维祥，宓泽锋，等. 数字经济对城市 ESG 发展的影响——基于双重机器学习方法的检验 [J]. 地理研究，2024，43（6）：1407 – 1424.

[82] 周曙东，卢祥. 中国与加拿大建立自由贸易区对两国农产品影响分析 [J]. 世界农业，2018（5）：101 – 109.

[83] 朱东波，常卉颉. 产业空心化的马克思主义经济学研究 [J]. 当代经济研究，2020（11）：15 – 25.

[84] Gill I S and Kharas H J. An East Asian Renaissance：Ideas for Economic Growth [R]. World Bank，NO. 39986，2007.

[85] Huntington S P. The Change to Change：Modernization，Development，and Politics [J]. Comparative Politics，1971，3（3）：283 – 322.

[86] Keynes J M. Alfred Marshall，1842 – 1924 [J]. The Economic Journal，1924，34（135）：311 – 372.

[87] Kong L C，Lu K Y，Xie J Q，Zhu Z N. Competitive strategies for differentiated services of power trading platforms under the situation of release of electricity selling market [J]. Computers & Industrial Engineering，2025，203：110956.

[88] Krugman P R. Technology，Trade and Factor Prices [J]. Journal of International Economics，2000，50（1）：51 – 71.

[89] Liu Y，Wu Y Y，Zhu X W. Development zones and firms' performance：The impact of development zones on firms' performance for a Chinese industrial cluster [J]. Regional Studies，2023，57（5）：868 – 879.

[90] Liu Y，Wu Y Y，Zhu X W. Industrial clusters and carbon emission reduction：Evidence from China [J]. The Annals of Regional Science，2024，73（2）：557 – 579.

［91］ Ma J – J, Du G, Xie B – C. CO2 emission changes of China's power generation system: Input-output subsystem analysis ［J］. Energy Policy, 2019, 124 (1): 1 – 12.

［92］ Ma J J. Who shapes the embodied carbon dioxide emissions of interconnected power grids in China? A seasonal perspective ［J］. Journal of Environmental Management, 2022, 324: 116422.

［93］ Mi Z F, Qiu Z X, Zeng G, et al. The innovation effect of low-carbon technology transfer from the perspective of carbon emission reduction demand: A case study of the Yangtze River Economic Belt in China ［J］. Growth and Change, 2023, 54 (2): 625 – 648.

［94］ Porter M E. The Adam Smith Address: Location, Clusters, and the "New" Microeconomics of competition ［J］. Business Economics, 1998, 33 (1): 7 – 13.

［95］ Soskice D. German Technology Policy, Innovation, and National Institutional Frameworks ［J］. Industry and Innovation, 1997, 4 (1): 75 – 96.

［96］ Tian Z H, Hu A, Chen Y, et al. Local officials' tenure and CO2 emissions in China ［J］. Energy Policy, 2023, 173: 113394.

［97］ Tian Z H, Hu A, Lin Y R. Does proximity to expressways improve manufacturing productivity? Evidence from Chinese firms ［J］. The Journal of Development Studies, 2023, 59 (12): 1867 – 1884.

［98］ Tian Z H, Hu A, Yang Z, et al. Highway networks and regional poverty: Evidence from Chinese counties ［J］. Structural Change and Economic Dynamics, 2024, 69: 224 – 231.

［99］ Tian Z H, Tian Y F, Chen Y, et al. The economic consequences of environmental regulation in China: From a perspective of the environmental protection admonishing talk policy ［J］. Business Strategy and the Environment, 2020,

29（4）：1723 – 1733.

［100］ Wang L – J, Yang P – L, Ma J – J. et al. Digital economy and indus-
trial energy efficiency performance：Evidence from the city of the Yangtze River
Delta in China ［J］. Environmental Science and Pollution Research, 2023, 30
（11）：30672 – 30691.

［101］ Wang Q X, Xin Y J, Tian Z H, et al. Does resource industry depend-
ence undermine urban resilience? Evidence From China ［J］. Growth and
Change, 2025, 56（1）：e70012.

［102］ Wan K, Yu X. Green Structural Monetary Policy and Firms' Asym-
metric Carbon Emission Reduction：Evidence from China ［J］. Economic Analy-
sis and Policy, 2025, 86：1914 – 1928.

［103］ Wan K, Yu X. Impact of mixed ownership reforms on firm innovation-
empirical evidence from China ［J］. Journal of Applied Economics, 2022, 25
（1）：1339 – 1354.

［104］ Wan K, Yu X ＊. Optimal governance radius of environmental infor-
mation disclosure policy：Evidence from China ［J］. Economic Analysis and Poli-
cy, 2024, 83：618 – 630.

［105］ Ye R K, Bian M Y, Yi K Q, et al. Analysis of influencing factors and
echanism of classification accuracy of personal waste of urban residents ［J］. Sci-
entific Reports, 2025（15）：15003.

［106］ Ye R K , Gao Z F , Fang K , et al. Moving from subsidy stimulation
to endogenous development：A system dynamics analysis of China's NEVs in the
post-subsidy era ［J］. Technological Forecasting and Social Change, 2021, 168
（1）：120757.

［107］ Ye R K, Yang X R, Zhou Y H, et al. Energy demand security in
OPEC ＋ countries：A revised 4As framework beyond supply security ［J］. Ener-

gy, 2025, 320, 112425.

[108] Ye R K, Zhou Y H , Chen J W, et al. Natural gas security evaluation from a supply vs. demand perspective: A quantitative application of four As [J]. Energy Policy, 2021, 156 (1): 112425.

[109] Yu X, Wan K. Can removing regional barriers reduce carbon emissions in border regions? Quasi-natural experiments from China [J]. Economic Change and Restructuring, 2025, 58 (2): 24.

[110] Yu X, Wan K, Chang T. Unintended consequences: China's pairing assistance policy and carbon emissions in administrative border areas-Evidence from China [J]. Journal of Environmental Management, 2025, 375: 124301.

[111] Yu X, Wan K, Du Q. Can carbon market policies achieve a "point-to-surface" effect? – Quasi-experimental evidence from China [J]. Energy Policy, 2023, 183: 113803.

[112] Yu X, Wan K, Du Q. The power of knowledge: Basic research and technological innovation-evidence from within and across industries in China [J]. Applied Economics, 2024, 56 (40): 4861 – 4874.

[113] Yu X, Wan K. Public data openness and carbon emission reduction in administrative boundary areas [J]. The Annals of Regional Science, 2025, 74 (2): 1 – 30.

[114] Zhang W S, Luo R, Mao Q S, Zhu Z N. Optimal production cooperation strategies for automakers considering different sales channels under dual credit policy [J]. Computers & Industrial Engineering, 2024, 187: 109769.

[115] Zheng Jinhui, Zhao Shikuan, Tan Yan, et al. Does the digital economy promote synergy between pollution control and carbon reduction? Evidence from China [J]. Environment, Development and Sustainability, 2024: 1 – 34. (SCI 二区)

［116］Zhou J, Guo J, Xu W. Construction of big data comprehensive pilot zones, new quality productive forces and transformation of watershed resource － based cities: Double machine learning approach ［J］. Sustainable Cities and Society, 2025, 120: 106144.

［117］Zhou J, Xu W, Yan D. Breaking the resource curse: The impact of digital economy on the sustainable transformation of resource-based cities ［J］. Sustainable Cities and Society, 2024, 113: 105707.

［118］Zhu Z N, Kong L C, Aisaiti G, et al. Pricing contract design of a multi-supplier-multi-retailer supply chain in hybrid electricity market ［J］. Industrial Management and Data Systems, 2021, 121 （7）: 1522 － 1551.

附录　关于我国现代化产业体系建设的若干思考

人工智能技术创新推动产业链现代化的三个"重点"

徐维祥

推动产业链现代化是新时代中国产业链发展的根本遵循和行动指南，是确保中国产业链安全、构建新发展格局和重塑全球竞争优势的迫切需要与战略选择。现阶段，中国产业链建设仍面临着关键核心技术短板、产业基础薄弱、产业附加值低等一系列问题。人工智能技术作为引领新一轮产业变革的关键核心力量，其创新发展与融合应用能够有效解决中国产业链现代化发展中的诸多"卡脖子"难题，助力中国产业链突破"低端锁定"困境，为提升中国产业链现代化水平提供强劲动力支撑。政府和企业应通过加快人工智能技术创新、深入挖掘"人工智能＋"应用、加强人工智能领域人才队伍建设、健全人工智能领域法律法规体系等措施，确保中国人工智能技术健康快速发展。

一、加快人工智能技术创新，推动产业链智能化转型

人工智能技术创新是推动产业链智能化转型的关键驱动力，它不仅提

高了生产效率和质量，还促进了新产业的发展，增强了产业链的韧性和附加值。首先，应着力加强大数据、物联网和云计算等智能化信息基础设施建设，构建更广泛、更安全、更高效的智能化基础设施体系，为人工智能技术创新发展提供强大的数据基础和算力支撑。同时，也要注重全社会数据资源整合与分类有序开放，进一步释放数据生产要素潜力，推动人工智能技术向更高层次迈进。其次，应强化相关政策支持，推动人工智能技术创新发展试验区建设，通过政府引导和市场主导相结合的方式，打造人工智能技术创新高地。此外，鼓励企业积极运用人工智能技术对原材料生产、产品设计、制造、流通和销售等各个环节进行智能化改造，充分释放人工智能技术创新对于产业链智能化转型的赋能效应。

二、深入挖掘"人工智能＋"应用，推动产业链高端化发展

人工智能技术的应用催生了新技术、新产业、新业态和新模式，推动了技术密集型的"头雁"产业群链形成。首先，要深入挖掘人工智能技术在制造、农业、医疗等重点行业的应用场景，推动智能经济高端高效发展。在制造业，可以深入研究智能感知、智能检测和设备互联管理等应用，以此提高生产效率。在农业领域，可以探索精准种植、智能养殖和智慧农业等应用，以推动农业的现代化进程。而在医疗领域，可以深入研究疾病诊断、药物研发和健康管理等智能化应用，实现医疗服务的精准化和个性化。同时，也要聚焦新能源、新材料、生物技术等新兴领域的人工智能技术应用，加速新兴产业突破，抢占全球产业制高点，促进产业链向高端延伸。此外，应积极利用国家重大活动和重要会议的契机，拓展人工智能技术的应用场景，为"人工智能＋"创新提供实践测试机会，助力人工智能技术与产业的深度融合，推动产业链高端化发展。

三、加强人工智能领域人才队伍建设，夯实产业链现代化人才保障

加快人工智能领域人才培养步伐，构建智能人才生态体系，是推动人

工智能技术创新和应用的关键。首先，高等教育机构应以国家人工智能发展的战略需求为指导，重点加强理论、算法和芯片等关键领域的人才培养，以提升人工智能领域自主培养高层次领军人才和创新团队的能力。其次，应扩大国际人才的引进，通过多元化和开放的合作模式，与全球顶尖人才和机构进行深入合作，以推动人工智能的基础研究和理论创新。同时，完善人才体制和机制也是关键，通过建立科学合理的收益分配机制，激励科研人员参与科研成果的转化和场景创业，促进科研成果的市场化应用，从而进一步激发创新活力。此外，还应重视人工智能与其他学科的交叉融合，加强复合型人才的培养，构建一个与技术和产业发展趋势紧密相连的人才培养体系，为产业链的现代化发展提供持续而有力的人才支持。

现代产业体系建设的重点方向与路径探索

杜群阳　邓丹青

现代产业体系是指以高端制造业和现代服务业为主体，以高端化、绿色化、智能化为总体导向，以自主可控、安全高效为根本落脚点的产业体系。在全球经济形势不断变化的背景下，构建现代产业体系是实现经济高质量发展的重要任务，是我国提升全球价值链国际竞争力的关键路径，也是实现中国式现代化的有力支撑。

科技创新是现代产业体系建设的核心引擎。科技创新是促进新产品诞生，推动产业革新，形成核心竞争力的动力与引擎，能从多方面推动现代产业体系建设。要聚焦现代化产业体系建设的重点领域和薄弱环节，加大技术攻关，重点加强原创性、颠覆性科技创新，确保重要领域产业链、供应链自主安全可控，打好关键核心技术攻坚战。同时加强产学研用协同，打造未来产业创新联合体，构建大中小企业融通发展、产业链上下游协同创新的生态体系。

新质生产力是现代产业体系建设的强劲动能。新质生产力是先进生产力的代表和体现，主要通过技术革命性突破、生产要素创新性配置和产业深度转型升级三个基本路径形成，是引领未来发展的新赛道、新引擎。要把握产业核心特征与发展规律，统筹布局，分领域、分阶段、分类型培育新质生产力，提升传统产业。找准因地制宜发展新质生产力的具体切入点和个性化路径，要把握平衡好地区差异、产业差异和阶段布局，处理好地区间共性与个性问题，推动新质生产力发展，为现代化产业体系提供强劲的动力与支撑。

多层次产业集群是现代产业体系建设的重要基础。多层次产业集群是由多领域、多维度、多能级产业集群共同形成，能够发挥引领、辐射作用，具备世界影响力的产业发展模式。要形成多层次产业集群，需要形成与之相匹配的产业生态系统与产业政策体系。要加强不同规模、不同领域创新主体间的联系与合作，推动不同区域、不同能级间产业集群的协同与联动，构建一个具备区域协同力、高效整合力、强大竞争力的产业生态系统，形成资源高效配置、技术协同创新、产业梯次升级的发展模式。推动产业政策由差异化、选择性向普惠化、功能性转变，加大对知识产权保护、科技成果转化、科技人才引育等领域的政策支持力度。

构建现代产业体系是一项复杂工程，需要系统观念、跨界思维和精准把控，我国仍需在科技创新、生产力提质、产业发展等多方面付出巨大努力，形成高效创新、质效双升，具有国际竞争力的现代产业体系，为全面建成社会主义现代化强国提供产业基础。

金融赋能现代化产业体系转型升级

陈胜蓝

服务实体经济是金融系统良性发展的根本宗旨，要为中国式现代化全面推进强国建设、民族复兴伟业提供有力支撑。在新质生产力培育的现实背景下，如何调整和优化金融体系结构，建立有助于更好发挥金融配置资源功能的融资结构，能够有效促进资源要素的流动与配置，有助于现代化产业体系转型升级，从而助力新质生产力培育。

健全多层次资本市场，为产业转型提供全方位金融支持。当前，我国现代化产业体系转型升级急需畅通企业融资渠道，而完善的资本市场是关键。应加快推进科创板和创业板改革，降低科技创新型企业上市门槛，建立更加包容的上市审核机制。通过注册制改革，为优质企业提供直接融资通道，显著提高资本市场对产业转型的支持能力。同时，大力发展债券融资市场，设计科技创新债、绿色债券等特色债券品种，为不同产业和企业提供差异化的债务融资工具。此外，要建立政府引导基金与市场化资本的联合机制，撬动更多社会资本投入产业转型。通过完善股权投资退出机制，降低投资风险，提高资本市场对创新型企业的支持力度，构建立体化、多元化的现代金融服务体系。

创新金融产品和服务模式，精准赋能产业转型。面对产业结构调整和技术升级的迫切需求，金融机构须主动创新，提供更精准和前瞻性的金融服务。重点开发绿色金融、科技金融、数字经济金融等专属产品，为不同产业和企业提供定制化金融解决方案。同时，深入推进金融科技应用，利用大数据、人工智能等技术，建立更科学的企业信用评价体系，降低信息不对称风险。开发智能风控系统，提升金融机构对企业转型的精准画像和风险管理能力。鼓励金融机构与科技企业深度合作，共同开发面向产业转型的金融科技解决方案。通过技术赋能和产品创新，实现金融服务从传统"输血"模式向"造血"模式转变，真正成为产业转型升级的有力支撑。

强化金融支持的政策协同，优化产业转型生态。产业转型是系统工程，须财政、金融、产业等多方协同。通过建立产业转型财政金融联动机制，设立专项转型引导基金，采取贴息、奖补等方式，引导金融资源向关键领域和薄弱环节精准流动。完善财税金融支持政策，对符合国家产业政策的转型升级项目，给予更多政策性激励。加强金融监管制度创新，建立更为包容审慎的监管框架，支持金融机构在风险可控的前提下开展产业转型金融服务。同时，构建多方参与的产业转型金融服务协同机制，鼓励国有资本、民间资本、外资等多元主体共同参与。建立产业转型金融服务信息共享平台，推动政府部门、金融机构、企业间的信息互通和资源整合。通过系统性政策设计和协同创新，为产业转型提供良好金融生态环境。

以创新网络为着力点推进现代化产业体系建设

宓泽锋

科技创新为现代化产业体系建设提供了基础支撑，而创新网络则是不断提升产业体系创新能力的关键之一。新时期，要及时将科技创新成果应用到具体产业和产业链上，改造提升传统产业，培育壮大新兴产业，布局建设未来产业，完善现代化产业体系。

我国从中央到地方不断布局和推动创新网络建设。协同创新是创新网络的重要特征，为贯彻落实党的十八大和十八届三中全会精神，教育部、财政部印发了《2011 协同创新中心建设发展规划》，是我国全面提高高等教育质量，支撑人力资源强国和创新型国家建设的重要举措。地方层面，为协力打造我国自主创新的重要源头和原始创新的策源地，《长三角科技创新共同体建设发展规划》《关于推进京津冀协同创新共同体建设的决定》等文件相继推出，协同创新成为区域塑造国际竞争合作新优势的重要一环。

创新网络建设是开放式创新背景下的必然趋势。20 世纪 90 年代以来，持续推进的全球化进程使得传统的创新活动发生改变。随着技术复杂程度的不断提升以及创新更迭速度的不断加快，企业自身的知识储备越来越难以满足技术创新的需求，封闭式创新获得的创新收益收窄，而开放式创新逐渐兴起。以跨国公司为代表的头部企业开始布局并建设全球研发中心和全球创新网络，通过获取全球创新知识来巩固其竞争优势。"十四五"规划明确指出，要实施更加开放包容、互惠共享的国际科技合作战略，更加主动融入全球创新网络。我国至今仍坚定不移地推进高水平对外开放，以开放促改革、促发展、促创新成为我国经济发展不断取得新成就的重要法宝。

创新网络也是现代化产业体系建设的内在要求。现代化产业体系具备融合化特征，各产业融合发展是一个有机整体，要避免割裂对立，形成各产业有序链接、高效畅通的良好格局，发挥产业体系的整体效能。创新网络的构建，一方面，能够有效调动产业体系内部的创新知识流动，提升创新效率；另一方面，也能够打破现代化产业体系的内部隔阂，在产业内外部、产业链不同环节形成有效链接，助力现代化产业体系高质量发展。

现代化产业体系的建设要坚持系统论的思维，即现代化产业体系的整体功能要大于其各要素功能的总和。创新网络的建设就是要统筹现代化产业体系的创新资源，形成创新合力。在创新网络建设过程中，既要重视通过整合优势创新资源提升原始创新和重大技术攻关能力，又要重视科技成果的具体应用和转化，通过现代化产业体系内部不同环节主体的共同参与来推动技术创新与技术需求的有效对接，注重提升现代化产业体系的整体效能。

新质生产力赋能现代化产业体系建设

朱振宁

从党的十九届五中全会提出要"加快发展现代产业体系，推动经济体系优化升级"，到党的二十大报告明确强调要"建设现代化产业体系"，现代化产业体系建设已成为实现经济现代化的重要标志。发展现代化产业体系，既是建设现代化经济体系、推动经济高质量发展的必然要求，也是重塑我国产业竞争新优势、构建新发展格局的重要举措。

当前，现代化产业体系构建面临的重要困境主要体现在基础产业支撑能力不强、产业结构失衡、关键核心技术水平相对落后、区域资源分布不均等方面。要加快现代化产业体系建设，就需要以科技创新为引领。与传统生产力相区别，数字经济主导下的凸显高科技、高效能、高质量、可持续、创新驱动等特征的新质生产力成为建设现代化产业体系的关键驱动力。一方面，新质生产力以创新为驱动，代表着生产力结构性跃迁的主要方向，是推动现代化产业体系建设的助推器和重要引擎；另一方面，现代化产业体系通过提供产业平台、创新渠道和人才保障等成为培育新质生产力的重要载体和根本依托。因此，新质生产力和现代化产业体系二者相辅相成，互为促进，要牢牢把握新质生产力发展方向，助力现代化产业体系建设。

第一，以新质生产力激活传统产能，培育发展战略性新兴产业和未来产业，助推现代化产业体系完整优化。基于大数据、人工智能等数字技术发展，融合传统产业，升级传统生产流程，优化、创新传统工艺，促进传统产业从劳动密集型向技术密集型转变，释放传统产能。面向未来制造、未来信息、未来材料、未来能源、未来空间、未来健康等六大重点方向，培育发展战略性新兴产业和未来产业。同时，推动传统产业与战略性新兴产业、未来产业的深度融合发展，形成优势互补、协同发展的产业格局。

第二，加强关键核心技术攻关，创新产业发展模式，助推现代化产业体系创新优化。围绕重点产业，瞄准关键技术，集中优质资源，合力推进关键核心技术攻关，提升自主创新能力。以创新促发展，推进产业数字化转型，培育智能化新兴产业，创新产业发展模式，构建创新生态，助力新质生产力赋能现代化产业体系创新优化。

第三，统筹协调开放新观念，倡导协同创新理念，构筑安全包容新高地，助力新质生产力赋能现代化产业体系保障机制优化。继续深化国际合作，引进先进技术和管理经验，促进产业创新与发展，为现代化产业体系注入新的活力。参与国际规则制定，提升在国际产业分工中的地位和影响力，为现代化产业体系的发展创造更有利的外部环境。倡导协同创新理念，鼓励企业、高校、科研机构等多元主体跨界合作，形成创新合力。建立教育、科技、人才三要素良性循环的人才支撑体系，为现代化产业体系的发展提供源源不断的动力。构建自主可控的产业体系，加强对关键核心技术、重要产品和资源的掌控力，防范潜在的风险和挑战，确保现代化产业体系的稳定运行。制定和完善相关政策，加强知识产权保护和市场监管，营造公平竞争的市场环境。建立和完善政策支持体系、制度保障体系和法律法治保障体系，助力新质生产力赋能现代化产业体系制度保障。

以培育壮大先进制造业产业集群推动构建现代化产业体系

刘 晔

构建以先进制造业为支撑的现代化产业体系是全面贯彻党的二十届三中全会制造强国战略的必然要求。加快培育壮大先进制造业产业集群是夯实我国先进制造业发展根基的重要举措。当前，打造具有国际竞争力的先进制造业产业集群仍然面临着四大困境：第一，产品制造关键环节自主研发难度大，核心技术积累不足，尚未形成从供给端、服务端到需求端的一体化协同创新体系；第二，产业集群内龙头企业牵引带动能力不足，本地配套资源有待提高，产业生态活力不足；第三，信息化集成尚未打通，数字化应用场景有限，数字价值挖掘不深；第四，服务业与制造业深度融合不紧密，产品附加值不高，品牌影响力不强。因此，以强化产业基础再造和重大技术攻关为主线，打造大中小企业融通发展的产业创新生态，通过规模化、数字化、平台化、融合化和品牌化构建先进制造业产业集群协同创新体系，是构建现代化产业体系的必由之路。

培育壮大先进制造业产业集群离不开"人才—平台—企业"良性畅通循环。以企业为创新主体，建立联合攻关人才特殊调配机制，跨部门、跨地区、跨行业实施集中攻关，在企业亟须"解卡突围"关键环节加速研究。持续推进国家级和省级应用技术研发促进机构建设，打通基础研发、应用技术到产业化的技术转化通道，健全和推广"制造能力"标准体系，加快新技术落地推广，鼓励企业应用先进技术开拓新市场。

产业公共平台建设为先进制造业产业集群提质升级提供必要支撑。加快打造产业共享平台，按市场需求精准匹配"人才＋项目"，为企业重大技术攻关提供优质人才资源。鼓励构建跨区域公共平台共享机制，聚焦关键装备和核心零部件的跨区域共享和产业链各环节协同，推动跨区域创新资源共享，加快实现跨区域产业链协同体系建设，激发跨地区合作的产业创新生态。

以数字化孵化先进制造业产业集群新业态。构建以平台企业引领，龙头企业和中小企业为雁阵的新型数字化生态系统，拓展数字化应用场景，强健数字化"组织协同"生态。搭建数字化协同空间，加快建设产业数字化实时监测、动态更新和跨区共享，促成数字化从"点"到"面"的产业供需信息有效匹配对接，联动数字化"空间协同"。推进品牌合作战略，建设全方位数字化品牌培育工程，支持市场建立品牌培训和运营专业服务机构，为企业提供品牌创建与培育、咨询评估、品牌保护等服务，加快形成特色化品牌竞争优势。

以产业智能化绿色化融合化转型
推动现代化产业体系建设

郑金辉

党的二十大提出建立现代化产业体系的战略任务，要把握人工智能等新科技革命浪潮，适应人与自然和谐共生的要求，保持并增强产业体系完备和配套能力强的优势，高效集聚全球创新要素，推进产业智能化、绿色化、融合化，建设具有完整性、先进性、安全性的现代化产业体系。智能化是把握人工智能等新科技革命浪潮的必然要求。推进产业体系智能化是现代化产业体系建设的必然趋势，可以为产业注入新动能和活力，提升产业竞争力和可持续发展能力。一是推动技术创新和数字化转型。加大对前沿科技研究和技术创新的投入，推动产业技术的不断升级和更新，推动企业实施数字化转型，采用云计算、大数据、人工智能等技术优化生产流程和管理模式。二是加快推动智能制造和自动化生产。推动企业建设智能化工厂，引入工业物联网技术，实现生产全流程的智能化管理；推广自动化生产设备和机器人应用，提高生产效率，降低成本，缩短交付周期。三是开展数据驱动决策和智能运营。利用大数据技术进行数据挖掘和分析，优化生产计划、供应链管理和市场营销策略；建立智能化生产运营系统，实现实时监控、预测维护和智能调度，提高生产效率和产品质量。

绿色化是实现人与自然和谐共生、高质量发展的必然要求。推进产业体系绿色化是当今重要的发展方向，可以驱动绿色循环低碳发展，为建设可持续的现代化产业体系奠定基础。一是节能减排和清洁生产。提倡使用清洁能源，加强能源利用效率，减少二氧化碳排放，降低环境影响；实施节能减排政策，优化生产工艺，减少废气废水排放，降低碳足迹。二是推广循环经济和资源综合利用。倡导资源回收再利用，减少资源浪费，推动废物资源化利用，提高资源利用效率；建立循环经济模式，实现资源的循环利用，降低资源消耗，减少环境压力。三是绿色供应链和绿色产品设计。建立绿色供应链体系，选择符合环境友好原则的供应商，推动整个产业链的绿色化转型。推动绿色产品设计理念，注重产品全生命周期的环境友好性，减少对环境的负面影响。融合化是提升产业体系整体效能的必然要求。推进产业体系融合化，可以加速产业创新集群的建设，从而推动产业升级、经济增长和可持续发展。一是促进跨界融合。鼓励不同产业领域之间的融合，促进技术、资源、人才等要素跨界整合，创造新的产业发展模式。推动不同部门间的协同合作，打破部门壁垒，促进资源共享和信息流通，实现产业链条的互补和优化。二是搭建创新平台。建立产业创新集群，聚集相关领域的企业、科研机构和政府部门，促进技术创新和产业发展。打造创新生态系统，提供创新资源共享平台，促进创新要素的交流和合作，推动产业发展。三是促进人才培养。培养具有跨领域知识和技能的人才，促进不同领域之间的交流和合作，推动产业创新和融合；培养创新型人才，注重实践能力和团队合作精神，推动产业创新集群的建设和发展。

以数智化转型推动城市治理现代化的四个"聚焦点"

周建平

随着信息技术的飞速发展，城市治理正迎来一场前所未有的变革。城市治理现代化不仅是提高城市竞争力的关键，也是实现可持续发展和提升居民生活质量的必由之路。但人工智能时代下城市治理中还存在以下问题：一是治理理念有待转变，政府部门有必要对自身的治理理念进行深刻改变，不断推动政府治理理念朝着服务型、开放型以及合作型政府转变；二是治理方式需要变革，数据驱动和依算法治理成为新趋势，这要求政府建设新技术治理思维与能力；三是治理主体发生变化，政府角色也从主导转为协作与监管，城市治理呈现多中心化趋势。现阶段，数智技术已经成为推动城市治理现代化的关键力量，需要从以下四个核心"聚焦点"做进一步探索。

一、聚焦"系统化"：打造高效率的智慧治理平台

一是推动信息资源整合能力提升。制定数据共享政策，实现数据标准

化；建立省级一体统筹的数据仓库，用于存储和管理各部门的数据，强化整合信息资源。二是推动技术应用与业务需求衔接。制定业务优先策略，政府应该优先考虑业务需求，确保信息平台的建设紧密贴合实际需求；制定技术架构和标准，确保信息平台的可扩展性和适应性，以满足不断变化的需求。三是推动平台运维能力提升。完善技术培训和技术支持机制，以确保工作人员能够有效地维护和更新平台，同时解决企业遇到的经营管理问题。四是完善跨部门的信息共享和协作机制。鼓励各部门协同工作，避免重复建设信息平台。政府可以促使各部门分享成功的信息平台建设经验，以鼓励合作和知识传递。

二、聚焦"智能化"：利用生成式人工智能提升政务效能

一是贯彻系统化和智能化的政务服务理念。优化手续程序，降低服务时间，减少资源和人力成本，提高服务质量。二是用人工智能生成内容（AIGC）实现政务服务的数智化转型。能够将各部门工作流程集成在一起，实现数据共享、信息互通、智慧治理。三是持续推进数据共享与开放。促进政务、企业、社会全方位数据共享，通过数据的开放和共享来实现多元化的治理模式。四是数据驱动以优化政务服务。收集市场趋势、企业需求、市民反馈等数据，通过人工智能和大数据分析技术，快速识别问题和瓶颈，并制定相应的政策和措施。提高政府决策的科学性和针对性，加速问题的解决和服务的改进。

三、聚焦"集成化"：政企共建智慧化营商环境

一是以"数智化＋商务服务"为优化营商环境赋能。以市场主体需求为导向，力行简政之道，坚持依法行政，公平公正监管，持续优化公共服务。在城市治理方面引入新技术，如人工智能、区块链、云计算等技术，不断推进政务服务领域的变革，优化营商环境并提升政府服务水平。二是

以现代信息技术基础设施助力完善商务法律法规和市场监管体系。深入推进信用信息在涉企办事领域的应用，形成以信用为基础的新型监管机制，营造诚实守信、合法经营的营商环境。加快建立全方位、多层次、立体化的"数智化"市场监管体系，实现事前事中事后全链条全领域监管。三是综合运用现代数字技术推进高标准市场体系建设。要综合运用现代信息技术促进解决各地区市场信息流通不畅、资源错配等问题，推动数字政府建设，协同优化整体营商环境。推动全国公共资源交易平台互联共享，建立标准统一的信息披露制度，建设数字政府网络联动模式，形成要素优化配置、信息自由流通的高标准市场体系。

四、聚焦"均衡化"：完善城乡数字基础设施建设

一是推进城乡智慧化建设。可以通过推进信息化基础设施建设、搭建数据中心等方式，构建数字化智慧平台，提高政府数据采集处理能力和运用效率。二是加强网络普及与数据使用能力培养。除了优化建设的硬件环境，还要推广新型通信技术，加速提高居民和企业的信息技术水平，从而缩小数字鸿沟，促进城乡商贸流通以及优化社会公共服务的效率。三是构建全民受益的数字公共服务体系。在数字化应用中注重服务公共需求，着重打造民生领域的数字化公共服务的支持系统，如民生资料查询、公共医疗、教育信息化等方面，促进社会生产力全面提升。

以基础研究助推现代化产业体系构建

于晓琳

贯彻落实党的二十届三中全会关于新质生产力发展的要求，加强基础研究，助力现代化产业体系构建，本文提出，应当以重大原始创新和关键

核心技术突破为主线，建立基础研究多元化投入机制、强化基础理论支撑和技术源头供给能力、构建高层次基础研究人才队伍，形成重大任务牵引、基础平台支撑、领军人才带动的基础研究支持体系，着力打造我国原始创新重要策源地和前沿技术突破新优势，引导基础研究为现代化产业体系构建提供"硬支撑"。

构建以政府引导为主、社会多元化投入为辅的基础研究投入体系。加大基础研究投入力度，着力优化研发结构。坚持目标导向和自由探索"两条腿走路"，促进基础研究和应用研究融通发展。加快推进与国家自然科学基金共同资助、共同设定重大基础研究任务的新型机制体制。激发企业基础研究积极性，强化企业创新的主体地位，落实企业投入基础研究相关优惠政策，积极探索与企业联合资助基础研究的有效机制。

加强基础理论支撑和技术源头供给能力。提高基础研究国际化水平，鼓励国内学者依托重大科技基础设施发起国际联合研究项目。发挥高校和科研院所基础研究"头雁"作用，引育基础研究类新型研发机构，形成包括实验室、高水平研究型大学、科学研究中心、应用型基础研究中心、科技领军企业在内的基础研究骨干网络。多举措保障各方利益，建立基础研究与关键核心技术攻关、成果转化的衔接联动机制，加快构筑科技成果转化通道，全面塑造基础研究赋能现代化产业体系的高品质生态。

建立高层次基础研究队伍。分类制定科研人才引培政策，着力引进战略科学家和领军人才，组织跨学科、跨领域、大协同攻关。精准培育青年拔尖队伍，支持中青年人才自主选择研究方向，择优遴选、滚动支持省杰青优秀项目，对青年项目采取长周期连续支持策略。构建精准化、多元化、差异化基础研究人才评价机制。赋予大学、科研机构等更大的科研自主权，设立卓越人才特区，破除在职称、项目等评审中的机制体制障碍并避免"唯指标"的倾向。完善多元化服务保障机制，持续优化人才激励和服务机制，实行严格的知识产权保护，构建风险免责制度与共担机制。

能源绿色发展助力现代化产业体系建设

马家军

为应对百年未有之大变局，提升国家整体实力，加快推动现代化产业体系的建设，是新时代中国经济高质量发展的核心任务。这一体系不仅关注产业体系的优化升级，更注重绿色、低碳、可持续等核心要素。其中，作为现代产业体系的基础，能源的绿色发展不仅关乎国家能源安全，更直接影响到生态环境保护和"双碳"目标的实现。能源产业的绿色转型，建成安全、高效、清洁、低碳的现代能源体系是现代化产业体系的建设基础。同时，能源绿色发展还能催生新产业、新业态、新模式，促进经济结构的优化升级，增强国际竞争力，为现代化产业体系的建设注入新的动力。

浙江省作为我国经济最为活跃的省份之一，在能源绿色发展方面走在了全国前列，为能源绿色化助力现代化产业体系的建设提供了宝贵经验。

在政策引导方面，《浙江省绿色低碳转型促进条例》的出台，为绿色低碳转型提供了法律保障和政策支持。该条例明确了绿色低碳转型的目标、路径和措施，为能源产业的绿色发展提供了有力保障。同时，浙江省还通过财政补贴、税收优惠等方式，降低企业使用绿色能源的成本，提高其积极性。

在技术创新方面，浙江省依托其强大的科研实力和产业基础，在风能、太阳能、水能等领域取得了诸多突破性进展，一批具有国际领先水平的绿色能源技术和产品不断涌现。同时，浙江省还积极推动绿色能源与传统产业的融合发展，如推广渔光互补、农光互补等新型能源利用模式，实现了能源与农业的双赢。

　　浙江省的光伏产业规模位居全国前列，拥有一批具有国际竞争力的光伏企业。这些企业在技术创新、市场开拓、产业链整合等方面取得了显著成效，不仅推动了浙江省光伏产业的快速发展，还为全国乃至全球的光伏产业提供了有力支撑。在推动能源绿色发展的同时，浙江省依托人工智能、大数据、云计算和物联网等技术，构建了能源管理平台，实现了能耗的实时监测和管理。这一平台不仅提高了能源利用效率，还为政府制定能源政策提供了科学依据。

　　现代化产业体系的建设是能源绿色转型的重要基础。一个高度现代化、高效、可持续的产业体系能够为能源绿色转型提供有力的支撑和保障。同时，能源绿色转型也是推动现代化产业体系升级和转型的重要动力，能够促进产业结构的优化、科技创新的加强和资源配置效率的提升。能源绿色发展不仅为现代产业体系提供了绿色、可靠的能源支撑，更以其创新、引领的特质，催生了众多新业态、新产业，为现代产业体系的升级和转型注入了强大动力。在未来，随着能源绿色发展的深入推进，其对于现代产业体系建设的支撑和引领作用将愈发凸显，成为推动经济社会高质量发展的关键力量。随着全球能源格局的深刻变化和"双碳"目标的深入实施，能源绿色发展将在现代化产业体系建设中发挥更加重要的作用。

建立现代产业体系助力资源型城市发展转型

田志华　辛月季

　　党的十九届五中全会明确提出，要加快发展现代产业体系，推动经济体系优化升级。资源型城市作为经济增长的传统引擎，正面临资源枯竭与市场变迁的双重挑战。具体而言，衰退型城市资源枯竭导致经济衰退与社会问题频发，显现"资源诅咒"现象；成熟型城市的产业结构固化与环境负债累积，产业转型压力凸显；成长型城市资源依赖加深，生态压力增大，需警惕"资源诅咒"的早期迹象；再生型城市资源压力较小，但仍需兼顾生态环境修复与新兴产业培育。为实现资源型城市可持续发展，增强城市韧性，推动社会、经济与生态协调发展，应加快构建现代产业体系，助力资源型城市产业向绿色化、高端化、智能化转型。在积极推动建设现代化产业体系过程中，资源型城市应深刻把握现代产业体系内涵，强化创新驱动，保持动态眼光规划战略路径，以确保资源型城市转型中实现产业链现代化、产业间协同融合发展。

一是因地制宜，明确转型方向与目标。资源型城市转型过程中应根据城市资源禀赋、产业基础和市场需求，因地制宜制定转型规划，明确转型重点领域与优先发展产业。衰退型城市应立即采取补救措施，定向划拨资金大力发展旅游业等第三产业；成熟型城市可以加大技术转让，最大限度实现有限资源的绿色高效利用，引导企业建立循环经济产业链，促进废弃物资源化利用和循环利用，形成闭环经济体系。成长型和再生型资源城市应具备长远目标，在继续利用自然资源过程中须兼顾生态与社会效应，也须吸取衰退型城市经验教训，利用资源优势优先布局产业多元化发展。

二是创新驱动，推动传统产业转型升级。资源型城市应积极运用现代技术改造传统产业，如引入智能制造、自动化生产线等，提高生产效率和产品附加值。同时延伸产业链条，形成上下游协同发展的产业集群。例如，煤炭资源型城市可以发展煤化工、煤电联营等产业链延伸项目。当地政府应鼓励企业加大研发投入并适当进行定向研发补贴，提升城市创新能力，通过技术研发和新产品开发，实现产业提质升级。

三是积极引导，培育壮大战略性新兴产业。对资源型城市新兴产业的培养，可结合城市特色与优势，对具有发展潜力的战略性新兴产业（高端精细化工、新材料、信息技术、生物医药、智能制造等）加大政策倾斜力度，例如可通过提供税收优惠、资金补助、人才引进等支持措施，吸引企业和人才入驻；通过搭建创新平台，如科技园区、孵化器等，促进产学研用深度融合，推动科技成果转化和产业化。

四是重视人才，引进与培养技术创新人才。在引进人才过程中，资源型城市应制定有吸引力的优惠政策，如提供住房补贴、子女教育保障、个人所得税减免等，以吸引国内外优秀的技术创新人才；通过搭建产学研合作平台，与高校、科研机构建立长期合作关系，吸引高层次人才参与技术研发和成果转化。在定向培养技术创新人才过程中，应加大对职业教育和技能培训的投入，培养一批具备专业技能和创新能力的技术工人和工程师；通过设立创新奖励、股权激励等措施，激发技术创新人才的积极性和创造力；鼓励企业与高校、科研机构开展深度合作，共同培养具备实践经验和创新能力的高素质人才。另外，为留住人才，建议建立科技创新服务中心、孵化器、加速器等创新服务机构，为技术创新人才提供全方位的服务支持。

五是重视环境，推动绿色发展与生态修复。资源型城市需加大环境保护与治理力度，严格控制污染物排放和能源消耗。通过推广清洁能源、实施节能减排措施等方式，降低环境污染和生态破坏程度。积极发展绿色产业，如循环经济、清洁能源等。另外，资源型城市应加强对受损生态环境的修复和保护力度。通过实施生态修复工程、建设生态保护区等方式，逐步恢复生态系统的功能和稳定性。

六是深化改革，引导区域间合作。资源型城市应深化制度性改革，优化营商环境，激发市场活力。可通过简政放权、放管结合、优化服务等方式，降低企业成本和市场准入门槛。同时，资源型城市应加强与周边地区的合作与交流。通过建立区域合作机制、推动产业协同发展等方式，实现资源共享、优势互补和互利共赢。

中国产业链安全风险防范应对策略

——以新能源汽车为例

叶瑞克

新能源汽车产业已成为全球战略性产业之一和经济竞争的焦点。在当今错综复杂的全球地缘政治格局和国际形势下，中国新能源汽车产业强劲的发展势头加剧了欧美国家对国际新能源汽车产业格局演变与标准制定权竞争的担忧。为维护自身科技和经济地位，欧美国家便采取一系列措施和手段，试图削弱中国新能源汽车产业在核心技术和市场竞争方面的领先优势。简要言之，欧美国家从技术、经贸、组织与规则多个层面对中国新能源汽车产业链进行限制；中国新能源汽车产业链面临技术封锁风险、贸易壁垒风险、系统性风险和市场偏转风险；相关风险主要通过供给冲击、需求收缩和预期转弱三条传导路径作用于产业链。综上，当前中国新能源汽车产业链安全正面临严峻的形势和巨大的潜在风险，亟须采取措施加以防范应对。

一要供应渠道多元化。新能源汽车的核心部件，如电池、电机、电控等，对锂、钴、镍、稀土金属等金属原材料依赖性较高，因此，建立稳定、多元化的供应链伙伴关系对于确保生产稳定性、降低成本、应对市场环境变化至关重要。中国企业应积极寻求并建立与全球多个原材料供应商的合作关系，通过采购渠道多元化降低对欧美等特定地区或国家的依赖，增强整个产业链单一来源的风险抵御能力，提高供应链稳定性。即使与某个供应商的合作出现摩擦或面临问题，其他供应商仍然可以提供所需原料，确保原材料的稳定供应，从而保证生产线的持续运作，减缓外部因素冲击。

　　二要提高自主创新能力。企业层面，为降低对国外进口技术依赖，企业应加大对核心技术的自主研发和创新投入力度，着力解决动力电池、电机、电控系统等关键领域的"卡脖子"问题，获取保障产业链安全的可控主动权。政府层面，一方面，应持续优化新能源汽车产业链科技创新的政策环境，制定创新补贴等激励政策的同时加大资金扶持力度，鼓励企业和有关技术团队增加研发投入，形成更为完善稳定的自主创新链。对于那些致力于突破"卡脖子"关键核心技术的企业或科研机构，政府可以根据其在原始创新、颠覆性技术创新和关键共性技术创新等方面的表现，适当扩大持续性的政府财政资金和高强度的直接专项投入，或给予补贴或税收减免等；同时加强监管和审计，防止新兴领域骗补现象再次出现。另一方面，要推动构建以高校、科研机构、企业为主的产学研科研力量体系，对新能源汽车领域的关键核心技术进行专项攻关，统筹多方力量补齐短板，增强产业链的风险抵御能力。

　　三要抢占产业标准话语权。国内层面，政府应出台与新能源汽车产业标准相关的法律法规，发挥宏观调控职能，加强对中游整车制造企业的监督检查，对不符合标准的行为予以严惩，引导整个行业建立健全产业标准体系。行业需明确新能源汽车的技术要求、质量标准以及生产规范，提高整个中游产业的整车制造水平，减少因技术差异性带来的风险，提高产品的质量和可靠性。企业应自觉严格遵守标准规范，保障产品质量和用户权益。国际层面，中国新能源汽车龙头企业应发挥其在标准规则制定中的关键性作用，积极参与国际标准制定，争取在新能源汽车领域拥有更大的话语权。政府可加强与国际标准化组织的合作，积极参与国际标准化组织的活动，推动中国在新能源汽车技术标准、环境测试标准等行业国际标准的制定过程中发挥更大的作用，维护中国及其他发展中国家的合法权益。同时，应认识到绿色贸易壁垒的两面性，加强对已有国际标准的研究和学习，及时了解并适应国际市场的需求和标准要求，提高中国产品绿色标准和国际竞争力，确保中国新能源汽车产品能够满足国际市场的标准要求。此外，部分政策需要运用国际规则进行矫正，中国可以联合发展势头良好的其他发展中国家，共同推动国际规则朝更公平、透明和有效的方向发展，完善国际规则，优化国际治理。

四要强化产业链协同。产业链中游作为整条产业链的中间环节，上接供应端，下接需求端，是产业链循环畅通的关键。一方面，可以利用先进技术如人工智能、大数据分析等创新技术，加快中游环节的数字化转型，实现新能源汽车上游、下游产业链各企业的有效对接。建立和实施产业链可视化系统与智能产业链管理系统，完善产业链信息透明化和协调机制，便于中游企业传递上游、下游信息，及时发现潜在问题并加以应对，以减轻潜在风险对企业的影响。另一方面，完善新能源汽车产业链生态体系，构建需求对接、业务关联、市场融合、经营协同等模式，中游整车制造企业应加强与上游零部件企业、下游销售企业及充换电设施企业的合作，推动联动融合发展。

五要提升目标市场多元化。针对欧盟委员会临时反补贴税等措施，除了积极正面应对之外，中国还可采取一系列策略进行多元化市场开拓，在降低对欧美市场出口依赖的同时拓展其他潜在市场。一方面，加强与亚洲、非洲等新兴市场的合作，结合当地政府碳减排政策或优惠政策，制定更具针对性的市场推广和销售策略，挖掘市场需求潜力。例如，在亚洲地区，可以利用中国与周边国家的地缘政治优势，加快建设覆盖"一带一路"、RCEP 等自贸协定的区域贸易网络，共同推动新能源汽车产业的发展，降低对欧美市场政策波动的敏感性。另一方面，企业可以根据不同市场的需求特点，灵活调整产品结构和配置，优化产品结构以满足多元化需求，提高产品的国际竞争力。例如，在发展中国家市场，可以推出价格更为亲民的入门级车型，以满足消费者的低成本偏好；而在发达国家市场，可以注重产品的高端化和智能化，以吸引更多高端消费者。

　　六要优化客户体验。在新能源汽车研发中诸多技术难题难以攻破的情况下，应用现有技术提升用户体验，使企业能够更灵活地应对市场竞争和消费者需求的多样性。一方面，新能源汽车的市场需求因地区、用途和用户偏好而异，因此企业可以根据客户的个性化需求，生产符合当地消费者偏好的车型，提供定制化服务，增强产品市场竞争力。例如，企业可以根据特定目标市场的气候条件、道路状况以及用户驾驶习惯等，针对性地研发设置车辆的电池容量、驾驶模式和智能功能等，及时调整产品设计和服务方案，以满足不同用户需求。另一方面，完善新能源汽车下游的销售与售后服务体系，明确细化售后维保内容和收费标准，在安全舒适的前提下解决消费者在购买新能源汽车后产生的不信任难题和维修忧虑，服务质量的进一步提升有助于企业通过消费者的社交媒体网络提高品牌知名度，进而提升市场占有率，为产业链优化和可持续发展提供源源不断的需求端动力。

　　七要构建全产业链预警防范机制。一方面，落实新能源汽车产业链定量评估工作，构建产业链安全指数评价指标体系，定量测算产业链风险，分析产业链各环节的风险等级，以采取相应的预警方案；对已经出现的风险或未来可能出现的风险尽量做到早发现、早应对，维持产业链动态可持续发展。另一方面，提前做好产业链风险防范，构建"全链条识别—全过程管理—多层级联动"的产业链风险预警防控体系，政府要积极发挥宏观调控作用，建立健全产业链安全管理相关法律法规；行业要加强对新能源汽车产业链安全的监控，建立本行业产业链数据库；企业要在微观层面提高自主创新能力，增强抵御外部风险的能力。